丛书由信阳师范学院资助出版

本书由作者主持的国家社会科学基金青年项目"劳动者平衡工作与生活的互动过程及策略研究"资助撰写而成

中国工作环境研究丛书

工作生活平衡

基于工作环境调查数据的实证分析

WORK-LIFE BALANCE

An Empirical Study on National Working Condition Survey

张 帆 著

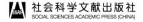
社会科学文献出版社
SOCIAL SCIENCES ACADEMIC PRESS (CHINA)

编委会

编者序

工作环境（working conditions）主要指的是从业者在其工作单位中，从主观上所感受到的一种工作氛围（working climate）与工作状态（working state）。工作组织与单位作为一个社会中重要的制度载体，主要是通过其所形成和营造的独特的社会环境或者组织文化影响和规范员工的组织行为。在欧洲，工作环境研究已经初具规模，成为一个很重要的交叉学科领域。在中国，对工作环境的研究才刚刚开始，目前主要从工作时间、工作报偿、工作场所以及工作中的员工参与四个方面展开研究。

从历史发展的过程来看，工业文明的一个重要特点，就是使人们从农业文明中互不关联的"个体劳动"脱离出来，走向互为关联的"集体劳动"。人们在"集体劳动"过程中不断互动，社会交往日益频繁。这种不断互动与频繁交往使人们产生对公共品的要求，同时也发展出公共道德规范。随着公共（集体）空间和公共品在质量与数量上不断提高与增加，"集体劳动"的效率会不断提高，与此同时，"集体劳动"的环境以及公共空间的环境也会不断改善，这既是文明发展的历史趋势，也是文明发展的条件和前提①。在现代社会，工作组织是各类组织的最主要形式，也是多数社会成员的主要"栖身"场所。人们生活在社会里和工作中，工作是人们一生最重要的组成部分，它会给人们带来完全的满足与

---

① 郑永年：《当代中国个体道德下沉根源》，《联合早报》2019 年 7 月 23 日。

1

充分的意义。一方面，人们的工作以及工作的环境深深地影响着人们的行为，这样的组织及其环境实际上是人们在社会生活中价值观与行为取向重塑的社会场所；另一方面，人们的行为也深深地嵌入了他们工作的那个单位或者说他们的职业或工作之中。在很多情况下，人们在这种环境中完成他们的社会化过程。恰恰在这个意义上，人们在工作单位中感受到的组织氛围与工作状态，对人们在组织中的行为会产生举足轻重的影响。

事实上，经济增长的质量和效率取决于参与经济活动劳动者的质量，取决于这种经济活动组织者所营造的工作环境的质量。良好的工作环境，能够造就有质量的工作，它既是一个社会高质量发展的前提，也是条件。一个高质量发展的中国，首先需要创新劳动者的工作环境，同时需要提高劳动者工作的质量，这是当今中国发展的重要基础。

不少的研究告诉我们，一个好的工作环境，在微观个体层面，能够为人们获得幸福与满足提供必要的物质保障和前提，为人们的情感满足提供必要的社会归属，能够帮助个体更好地在组织中实现自我，激发潜能，为人们的自我成长和满足提供必要的公共场所；在中观组织层面，能够促进良好的组织文化构建，提高组织成员对组织的认同感和满意度，提高组织效率，进而快速推动组织的创新与发展；在宏观社会层面，有助于我国的经济与社会实现"新常态"下的健康、平稳，同时也能够为高质量发展提供合理的预期。

按照社会学的理论，在一个组织的发展过程中，人们的行为结构总是嵌入组织的结构之中。在这个意义上，工作环境作为组织员工行为的结构性因素，同样也发挥着至关重要的作用。毋庸置疑，好的工作环境、工作质量，作为衡量人类福祉的重要指标，不应该也不能够被忽略在社会发展的关注范畴之外。

从学科特点来说，组织"工作环境"问题是社会学研究的重要内容，特别是从组织社会学角度出发进行研究具有明显的学科特长和优势。就研究路径而言，将组织社会学的相关理论、方法和观点运用于对"工作环境"问题的研究，不仅使我们从学术视角对组织环境变迁的结构特征及影响机制有更为深入的认识，而且由于"工作环境"贴近现实生活实践，勾连社会成员与各类工作组织，因而也使其成为宏观与微观社会治理的一个重要环节。

在很多情况下，我们还可以观察到，一个社会的景气离不开这个社会中各种不同类型组织的景气，或者组织中良好的工作环境。当一些社会成员在自己所隶属的组织中不愉快、不满意，感受不到组织的激励，体会不到其他组织成员的帮助和支持，那么，他们这种不满的感受和情绪就会或多或少地以各种不同的方式宣泄到社会当中去，在一定程度上会影响一个社会的景气。所以，从某种意义上说，研究一个组织的景气以及组织的工作环境能够使我们在更深层次上理解一个社会的景气，这恰恰也是我们研究组织景气与工作环境的学术意义[①]。

另外，对工作环境研究的深入，能够为组织的评估提供一个良好的学术与方法的基础。事实上，如何运用科学的方法对一个组织的景气状况进行评估，这对于提高组织的效率、增强员工的满意度和获得感、加强员工对组织的认同与归属，都能够起到很重要的作用。

正是从工作环境研究的重要学术意义和应用价值出发，我们从 2013 年开始，对中国的工作环境问题进行了深入研究。这套丛书，就是试图根据我们的田野调查和研究数据，从各个不同的角度对中国的工作环境问题进行深入的观察与分析，同时也对我们

---

① 所以，这套丛书也可看作两个国家社会科学基金课题研究的进一步深入和延续：张彦，2015 年国家社会科学基金一般项目"中国企业工作环境研究：概念、量表与指数构建"（项目编号：15BH05）；李汉林，2018 年国家社会科学基金重大项目"中国社会景气与社会信心研究：理论与方法"（项目编号：18 ZDA164）。

前一段时期的研究工作进行一个小结。

我们衷心地期望，这套丛书的出版，能够进一步推动中国工作环境的研究和深入。

是为序。

目　录

第一章　导论

工作和个人生活是现代人活动的两个主要领域，劳动力市场中的工作是人们满足基本需要、提高生活水平以及实现自我价值的基本途径，生活领域的家庭生活和个人闲暇，包括健康、家庭、迁移、消费、娱乐、子女照顾等，是满足人们精神生活以及休息需要的基础（岳经纶、颜学勇，2013；Pichler，2009）。一般来说，由工作导致的劳动者休息休闲时间不足、家庭照料不足和生活质量下降，是工作与生活之间产生冲突的体现，现代人面临的工作时间过长、工作压力过大、通勤时间过长、子女照顾时间不足、休闲需求难以得到满足、健康状况不佳等问题，是工作与生活不平衡的典型表现。2010 年 1 月到 12 月，作为全球最大的代工工厂，富士康科技集团连续发生了 18 起跳楼事件，14 人死亡，4 人受伤。连续自杀事件引发了社会的广泛关注，香港、北京、广州等地 20 所高校的一项调查发现，富士康有一套严格的劳动过程和工厂管理制度，对工人实施的管理方式是军事化的。富士康的核心价值在于"服从"，不仅对生产制度绝对服从，对工作规定、加班规定、安检规定绝对服从，而且从车间延伸到对整个工厂的规训的服从——服从上级的晋升权威、服从工厂暴力安保机构，甚至对工厂的"生活政治"也要服从，如服从车间化的宿舍管理体制、服从导致社会关系碎片化的管理制度等（潘毅等，2012）。富士康员工的"连环跳"被归因于这种福特制和泰勒制的管理体制，但从另一角度来看，这也意味着工人的工作与生活产生了冲突。2019 年，某程序员在 GitHub 平台上发起了一个名为"996. ICU"的项目，意为"工作996，生病ICU"——程序员每天从上午9点工作到晚上9点，一周工作6天，身体健康和家庭生活都受到了影响。"996"作为工作场所的潜规则，立刻引起了社会的广泛关注，这同样属于超时工作带来的劳动者生活质量下降、劳动关系紧张的情况。值得注意的是，工作与生活的不平衡，不仅仅局限于互联网公司和程序员群体，也不仅仅是一个企业制度和内部管理问题。

一 工作生活平衡问题产生的社会背景

中国经济发展进入"新常态"，经济增长方式和产业结构面临调整，中国社会也面临变迁，因此工作生活平衡的议题也应置于中国经济社会背景的变化之下理解。在这种社会背景下，工作生活平衡面临着发展动力和发展际遇。

（一）劳动者工作压力和不满情绪增加

中国社会处于一个快速发展和变迁的时期，5年间劳动力市场发生了较大变化，主要表现在供需关系转化、劳动力需求结构变化、劳动力成本上升、劳动争议案件频发。第一，劳动力市场的供需关系转化，劳动力短缺显现，人工成本上升。从2013年开始，劳动力年龄人口总量开始呈下降趋势，2015年较2014年减少275万人，而在2010年劳动力年龄人口仍维持约1000万人的增量。自2008年以来，我国的劳动力成本明显上升，2013年日均雇工工资为2008年的2倍（105元）。劳动力成本的上升和劳动力年龄人口的下降引起了劳动力市场供需关系的变动，一方面，客观环境下劳动力人均工作负荷必然有所增大，企业推行工作生活平衡计划的成本不断提高；另一方面，劳动力议价能力的提高又使劳动力对于工作质量、工作环境的要求日益提高。同时，劳动力的需求结构发生变动，简单体力劳动人员、营业人员、收银员、治安保卫人员、保洁人员、餐厅服务员、厨工、推销展销人员等职业的需求增大，脑力劳动者如办公室人员的需求不断减少（蔡昉、张车伟，2015），进一步地，脑力劳动者在劳动力市场的谈判能力受到影响，就业压力增加。

第二，劳动立法和劳动政策的模糊地带日益显现。2004年、2005年的《中华人民共和国劳动合同法》《中华人民共和国社会保险法》《中华人民共和国就业促进法》代表着中国劳动立法体系化建设的发端（黄海嵩，2014）。经过10余年的快速发展，劳动领域一系列的法律和政策逐步推行，如2007年通过的《中华人民共和国劳动争议调解仲裁法》、2009年修订的《中华人民共和国劳动法》、2009年修订的《中华人民共和国保险法》、2013年实行的《劳务派遣行政许可实施办法》、2013年实行的《社会保险费申报缴纳管理规定》、2014年实行的《劳务派遣暂行规定》和2014年实行的《城乡养老保险制度衔接暂行办法》等，对劳动者、劳动组织、劳动关系产生了重要影响（黄海嵩，2014）。劳动立法和劳动政策关注劳动派遣用工、养老与劳动保险、工伤鉴定等领域，注重保护劳动者特别是特殊群体（如流动人口、女性、残疾人、老年人等）的基本权利和公平雇佣，力图建立劳动者和劳动组织间良性的劳动关系。

然而，劳动法律、法规的规定目前有很大的模糊地带。以《中华人民共和国劳动法》为例，其第三十六条关于工作时间和休息休假的规定中提到"国家实行劳动者每日工作不超过八小时、平均每周工作时间不超过四十四小时的工时制度"，但第三十七条对于计件工作的规定为"对实行计件工作的劳动者，用人单位应当根据本法第三十六条规定的工时制度合理确定其劳动定额和计件报酬标准"。第三十九条对于其他工时制度（包括不定时工作制、高强度工作制、综合计算工时制）的规定为"企业因生产特点不能实行本法第三十六条、第三十八条规定的，经劳动行政部门批准，可以实行其他工作和休息办法"。《中华人民共和国劳动法》关于不以标准时间计算的工作中劳动者的休息休假的规定比较模糊，并且，从工作时间的延长来看，第四十一条的规定为"用人单位由于生产经营需要，经与工会和劳动者协商后可以延长工作时间，一般每日不得超过一小时；因特殊原因需要延长工作时间的，在保障劳动者身体健康的条件下延长工作时间每日不得超过三小时，但是每月不得超过三十六小时"。该条实际上仍然以时间为标准定义工作时间的延长，难以适用于不以时间衡量工作量的行业。

随着不定时工作制和综合计算工时制的盛行，劳动强度、劳动量和休息制度的时间度量方式显得越来越模糊和难以执行，工作生活平衡也越来越成为法律和政策规定难以界定的领域。可以说，现阶段劳动组织仍然处于决定性的优势地位。一些企业基于社会责任、人力资源管理和可持续发展的考虑推行了工作生活平衡计划，也有大量企业不愿建立或无法建立工作生活平衡制度。如何以法律或有效政策推进劳动者工作生活的平衡，是当前法律和制度建设的难题。

第三，劳动争议案件频发。我国已经进入劳动力市场矛盾的多发期，劳动争议案件数量总体呈上升趋势（见图 1-1）。2011年以来，北京、上海、广州、深圳等地区的人民法院定期向社会公布的劳动争议诉讼案件的数据表明，劳动争议案件的数量持续上升。中华总工会 2013 年统计的组织调解的劳动争议为 39.6 万件，这个数字居高不下并呈逐年增长趋势（黄海嵩，2014）。高级技术人员、高级管理者的劳动争议案件数量每年呈增长趋势。

劳动力市场的这些变化带来的问题是，劳动者开始面临明显的工作压力增大和工作满意度下降，特别是对于脑力劳动者群体。2014 年《中国社会发展年度报告》指出，城市居民的工作环境满意度指数为 63.07，城市居民对工作环境总体满意度一般，高达85% 的受访者表示，时常因为工作压力大而感到很累（李汉林，2014）。2016 年，这个数字有所提高，为 69.76，但仍然是偏低的

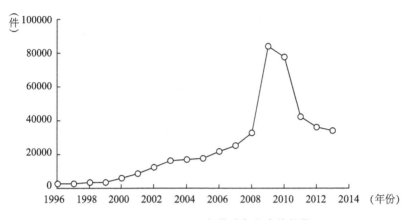

图 1 - 1　1996～2013 年劳动争议案件数量

资料来源：2014 年《中国劳动统计年鉴》。

（李汉林，2016）。20 世纪 70 年代美国也曾经历了一个工作中不满情绪加重的时期，在当时，美国卫生、教育及福利部的一项报告《美国的工作》指出，美国工人中有很大一部分人不满意他们的劳动生活，工作场所出现了大量的旷工、人员流动，未经工会同意的罢工、怠工，生产率很低、次品率很高以及工人不愿意尽力工作的情况。对工作的不满情绪进一步带来了工人的身心健康问题、家庭问题、社会活动问题、社会融合问题，吸毒、酗酒、违法、少年犯罪行为都有所增加。原因一方面在于当时年轻人已经开始接受较好的教育，毕业于高等院校，但是从事的工作工资比较低，另一方面在于工作设计的落后——工作缺乏自主性、缺乏人性化、内容琐碎重复以及枯燥乏味（布雷弗曼，1978）。与美国经历的这样一个时期类似，中国劳动力市场的变化也引发了劳动者对工作不满情绪的增加。

（二）劳动者家庭照料压力增大

近年来，我国家庭的变化主要表现为实行独生子女政策后的家庭结构变化，如单人家庭增多、超微家庭增多（1～2 人家庭），城市化带来家庭养老育幼功能减弱（童辉杰、黄成毅，2015），大城市中的"421家庭"① 经济支持结构增多，以及老龄化加剧带来的家庭照料压力增大等。我国家庭迅速向规模微型化、结构扁平化、类型特殊化方向发展：家庭规模和代际数不断下降，2010年家庭平均仅为3.09人，代际数为1.85；由1人或2人构成的超微家庭比例由2000年的25.34%上升到2010年的38.90%，在城市占比超过45%；一代户由1/5上升到超过1/3；单人家庭数量翻了1倍多，2010年占比达到14.5%。家庭的这种变动趋势，意味着家庭养老育幼功能在急剧丧失，家庭发展存在巨大的脆弱性和不稳定性，作为社会稳定器的作用在减弱（周长洪，2013）。同时，这种变化也相应地需要家庭关系模式、家庭照顾模式发生变化。概括而言，劳动者在家庭照顾和照料方面的压力较过去有所增长。

而且，中国社会的男性和女性在劳动力市场和家庭照顾两方面的平等参与一直遭到质疑。由于女性承担照顾家庭的重要责任，在双方工作的家庭中，过于明确的分工往往导致女性在家庭方面的压力过大。方莹指出，中国女性在职场中的劣势地位是一种"弥散的隐性不平等"，中国的女性要兼顾就业和照顾家庭往往必须调动所有可以利用的资源（岳经纶、库纳、颜学勇，2014）。女性在就业和家庭之间的两难境地和压力较男性更加突出。

（三）劳动者提高工作质量和生活质量的需求增长

经济社会发展必然带来人们休闲、健康、提高工作和生活质量以及提升家庭照顾的需求的不断增长，这最终体现在劳动者对休息休假权、闲暇时间、减轻工作压力、工作满意度和生活满意度、家庭照顾等问题的争取上。劳动者面临的一个巨大的变化是，金钱正逐渐丧失它提高幸福感的力量，过去的30年中美国人的平均收入增加了16%，但认为自己很幸福的人数占比从

---

① "421家庭"模式是指，一对独生子女结婚生子后，家庭结构组成为：4个父母长辈、夫妻2人和1个小孩。

36%下降到29%（塞利格曼，2010）。经济发展、生活水平提高后，人们并没有比50年前更加幸福，发达国家的幸福感也并不见得比发展中国家更高。所以，提高劳动者的工作质量、生活质量和幸福感，需要在提高收入以外做出许多努力。

不过，从现实来看，劳动者提升工作质量和生活质量需求的满足，仍面临许多难题。比如，中国劳动者的工作时间仍然是较长的。2015年的《中国劳动力动态调查》显示，从2012年到2014年，全国劳动力的工作时间经历了总体性下降，下降比例为11.3%，但一般周工作小时数仍为约45小时，略超过劳动法规定的44小时。但是英国《卫报》在2015年10月刊登的一篇调查文章中指出，中国人的平均年工作时间为2000~2200小时，中国农民工的日均工作时间约为8.8小时，并且，雇员的加班时长有较大幅度上升。工作压力问题也日渐困扰大城市的劳动者，关于北京、上海、广州、深圳四个城市的一项网络调查显示，44.0%的测试者认为自己在职场承受的压力很大，而5.8%的人认为自己压力达到极限；42.7%的人周平均工作时间为50小时以上（领英，2015）。工作时间长、工作压力大带来了广泛的健康问题，中国科学院心理研究所的一项基于网络问卷的职场心理健康调查显示，2011~2013年，职场人主要表现出视疲劳、容易感到疲倦和记忆力下降等身体不适症状，并且30%左右的人表现出抑郁倾向，37%的人表示曾进入"工作耗竭"的状态，因此提高劳动者的工作质量，很现实的一项需求是减轻他们的工作压力和减少工作时间。

再如，从劳动者的休闲需求来看，2015年的《国民旅游休闲发展研究报告》显示，国民国内旅游平均期望值是2.7次，期望旅游总天数为12.3天，而实际年出行2.3次，实际旅游7.5天，目前我国与旅游发达国家存在很大差距，美国人均年出游10次以上，欧洲等国在6次以上。休闲时间的不足与休闲经济基础、公共服务体系建设、休闲产业规模等诸多因素有关，但时间和假期是更为重要的原因。这一方面与我国人均经济水平有关，另一方面是因为带薪休假还没有得到普及，61.9%的人没有或没享受完全的带薪休假，大多数人的休假时间是11天的公共假期。随着一系列促进休闲发展的政策出台，收入增长和政策面的有力支撑不断促使国民休闲需求向多样化发展。2013年国务院办公厅发布的《国民旅游休闲纲要（2013—2020年)》指出，应当保障国民旅游休闲时间，落实《职工带薪年休假条例》，鼓励机关、团体、企事业单位引导职工灵活安排全年休假时间，完善针对民办非企业单位、有雇工的个体工商户等单位的职工的休假保障措施，加强带薪年休假落实情况的监督检查，加强职工休息权益方面的法律援助。这都表明了劳动者对于休闲促进有强烈需求。

二 平衡工作与生活：现实困境与理论价值

（一）现实困境

工作生活平衡研究始终与工作场所亟待解决的社会问题相关联。20世纪60年代，西方社会中带小孩的母亲大量涌入工作场所，如何协调母亲工作和照顾孩子引发广泛讨论。20世纪80年代到90年代，商业发展和工作节奏加快，缓解工作压力和工作与家庭的冲突成为人们亟待解决的问题。20世纪90年代末至21世纪初，信息技术的发展使弹性工作制和远程办公成为可能，新技术和新型工作是否能够带来劳动者工作生活平衡的革命引发广泛的讨论，互联网技术发展、共享经济出现、时间规制日渐被打破对工作生活平衡的影响成为研究热点（Lewis, Gambles, and Rapoport, 2007）。随着信息时代的发展，建立在信息网络上的现代社会抹去了工作场所和家庭、劳动和休闲、经济价值和社会价值之间曾经清晰的界限（莫斯可、麦克切尔，2014），工作时间由集中转为散布于生活中的各个时段，电子邮件无时无刻不在等待接收，工作内容包含频繁出差或多地点办公，生活方式发生变迁，这些变化给劳动者带来了新的挑战。对于组织来说，信息社会的建构模糊了物质与非物质劳动的差别，这种全新的社会形态使资本主义原本的过程控制在一些领域失效，比如，时间计量不再适合控制某些行业劳动者的工作过程；再比如，非体力劳动者特别是知识劳动者群体不断扩大，生产方式不断变迁，他们的生产过程难以控制，生产成果的价值也难以估量。这些变化都迫使新的资本主义要素产生和新的规制模式出现，产生了一系列新的绩效和效率控制方法。在这种形势之下，工作生活平衡成为一种有效的人力资源管理和组织激励策略，这也是在人力资源管理中，众多组织特别关注并推行工作生活平衡的重要原因。

21世纪以来，现代社会发展中的其他问题也加大了工作与生活冲突的可能性，一方面，工作的复杂性需要劳动者不断提高自身能力，组织对劳动者的工作投入、对组织的忠诚感、团队合作感提出了更高的要求；另一方面，劳动者对于工作和生活质量的要求极大提高（Cegarra-Leiva, Sánchez-Vidal, and Cegarra-Navarro, 2012b），个体的工作观念和生活观念面临快速转变，休闲、健康、家庭等生活领域越来越受到劳动者的重视，个体在工作之余的休闲、休息、社交需求日益增长。与此同时，由于家庭中夫妻双方同时工作的比例增大，照顾孩子和老人的压力也有所增加，家庭生活和工作生活间的关系日趋紧张（Hyman et al., 2003）。总的来说，工作与多个领域之间的矛盾需要调和，达到多个领域之间的平衡面临更大的难度。欧洲工作质量调查发现，影响劳动者工作质量的最大问题就是工作生活如何平衡的问题（Wikipedia, 2016）。

（二）理论价值

工作生活平衡在管理学领域一般被纳入就业质量、人力资源和员工福利发展的范畴，体现着组织管理效率和员工权益。但不可忽视的是，工作生活平衡能够体现组织中的劳动关系状况，因而也应属于劳动关系和劳工研究的范围。社会学领域近年来才提到工作生活平衡的概念，实际上它与劳动关系研究有很大关联。劳动者的工作生活平衡状况能够反映其劳动关系状况，平衡的前提是工作领域雇佣双方的固有矛盾得以缓解，建立和谐的劳动关系。

理解将工作生活平衡纳入劳动关系范畴的价值，首先应当理解劳动关系的概念，与就业关系等同，劳动关系是指劳动者个人或组织与雇主或雇主组织在劳动过程中所发生的权利义务关系。劳动关系规制就是明确双方的权利义务，包含：①个别劳动关系层面的劳动合同管理和实施问题；②集体规制，主要是集体合同、集体协商；③争议处理，特别是集体行动罢工等研究内容（常凯，2013）。劳动关系也被理解为在劳动过程中劳动者与劳动力使用者之间形成的一种社会关系。劳资关系、雇佣关系、产业关系分别特指劳动关系中的不同方面，例如劳资关系专指劳方和资本之间的关系；雇佣关系是在雇主和受雇人达成契约的基础上建立的，雇佣合同主要受《中华人民共和国民法典》的限制，而产业关系主要指工业领域的劳动关系，涉及的对象主要为工业劳动者。

与劳动关系相近的概念有就业关系、劳资关系、雇佣关系、产业关系和劳工研究等。就业关系与劳动关系的概念基本一致；劳资关系着重研究劳方和资本的权利义务以及二者之间的冲突与合作关系；雇佣关系是一种雇员和雇主之间的劳动关系，但与劳动关系概念不同，雇佣关系可能是非正式的关系形态；产业关系的概念最初用于分析工业领域的就业关系，特别是用于分析进入工业化时代时资方与工人之间的关系；劳工研究关注工人的动员和集体行动、劳资冲突的升级和过程，研究对象聚焦产业工人，而随着信息社会的发展，知识劳动者、互联网劳动者、平台劳动者也成为劳工研究关注的群体（见表1-1）。

表 1 - 1 劳动关系与相关概念

概念	主要的研究问题
1. 劳动关系/就业关系 labor relations	劳动关系和就业关系等同，是劳动者个人或组织与雇主或雇主组织在劳动过程中所发生的权利义务关系，劳动关系规制即明确双方的权利义务。 （1）个别劳动关系层面的劳动合同管理和实施问题； （2）集体规制，主要是集体合同、集体协商； （3）争议处理，特别是集体行动罢工。 而且，劳动关系也被理解为在劳动过程中劳动者与劳动力使用者之间形成的一种社会关系
2. 劳资关系 labour-capital relations	劳资关系着重研究劳方和资本之间的关系，以研究劳方和资方的权利义务为核心，同时研究受雇者与雇主间的冲突与合作，也包括雇佣关系中价格、价值、权力与权利相争的理论、技术和制度。最初应用于非公有制企业环境
3. 雇佣关系 employment relations	雇佣关系可以指雇主和受雇方的关系形态，当事人约定一方于一定或不定期限内为他方提供劳务，他方给付报酬的关系。雇佣关系与劳动关系是不同的法律体系，非正式用工可以产生雇佣关系，受民事合同规制，兼职、临时工、自我雇佣等灵活就业形式可归类为雇佣关系的不同形态
4. 产业关系 industrial relations	产业关系以工业领域的就业关系为研究对象，产业关系日渐被就业关系替代，因为非工业行业的就业关系越来越得到重视（Wikipedia，2019）
5. 劳工研究 labour research	劳工研究主要聚焦产业工人，是产业关系研究中最重要的方面。随着信息社会的发展，知识劳动者、互联网劳动者越来越成为研究者关注的群体。工会主义、集体协商、工人的集体抗争、资方对劳动过程的控制等问题是劳工研究的核心问题

从概念的范围来看，劳动关系的概念在几个概念中最为广泛。将工作生活平衡纳入劳动关系的研究范围，意味着劳动者的工作-生活冲突是劳动者面临社会问题、劳资冲突、雇佣关系矛盾的极端表现，能够使工作生活平衡研究和劳动关系研究下的社会因素和组织因素产生更直接的联系，劳动关系研究中的公民权或

公民社会视角、劳工文化视角、阶级和后现代主义视角，国家与社会关系以及性别、阶级和城乡关系等理论都可以作为工作生活平衡研究的理论基础（佟新，2008）。不过，工作生活平衡研究注重劳动者的幸福感，而非仅仅基于劳动者权利的视角，也非局限于关注社会法律、法规和政策以及工作政策，对于劳动关系评价来说也更加人本。工作生活平衡更多地从劳动者对幸福感的认知出发，在保障劳动者基本权益的基础上，增长型福利需求的增加意味着工作生活不平衡可能成为未来劳资冲突的一个焦点。不过，由于工作生活平衡超出了劳动领域，包含个体的各项社会活动，从概念边界和考察范畴来说更加复杂和广泛。目前劳动关系评价的基本框架侧重对工作物理环境和劳动权利的考察，同时也不断增添对工作满意度、工作氛围等劳动者主观感受的考察，但是在经济高速增长的背景下，劳动关系日益呈现新的复杂特征，那么，一个值得思考的理论问题是，工作生活平衡研究对劳动关系研究的发展有怎样的推动作用和新的价值。

1. 关注非体力劳动者群体

目前中国劳动关系的结构和调整机制正处于由个别劳动关系向集体劳动关系转型的阶段，[①] 因而工会、集体谈判制度、集体合同和集体争议受到研究者的广泛关注（常凯，2013）。劳动关系研究特别是劳工研究集中于体力劳动者的劳动权利保障、工会领导和集体谈判、工人运动、劳工对抗等问题（张永宏、李静君，2012；沈原，2006；潘毅，2011；邱林川，2013），研究主要基于社会公平，或者说基于体力劳动者在经济和政治上的弱势地位和

---

① 劳动关系的集体化转型指由个人劳动关系向集体劳动关系转型。集体劳动关系又称团体劳动关系，通常指劳动者集体或团体一方（通常以工会为代表）与雇主或雇主组织，就劳动条件、劳动标准以及有关劳资事务进行协商交涉而形成的社会关系。现实中的集体谈判关系、集体争议关系、职工参与管理关系等即属于此类关系。集体劳动关系包括企业、行业、产业等不同层面的关系。工人通过自身的团结和集体行动与雇主协商谈判来确定劳动条件和劳动标准，这是集体劳动关系的主要功能（常凯，2013）。

弱势处境。许多研究者对工业行业的劳工群体特别是新工人群体工资收入过低、物理环境恶劣、加班过度、去技术化、劳资冲突、集体抗争频发和遭受社会排斥等问题进行了研究，企业装配流水线、作息时间表、工厂守则带来的工作压力和劳动控制，影响了工人的身心健康（汪建华、孟泉，2013；潘毅，2011）。还有其他研究指出，新工人在城市迁移过程中，关系网络结构发生变化，工作形态极大地影响了他们的生活状态（汪建华，2011）。

劳工研究有一个共同点，即关注的焦点是体力劳动者，以产业工人为主，[①] 其次是服务业劳动者。大量研究关注产业工人和服务业劳动者的抗议、反抗、集体行动和革命的问题，这与中国的现实相吻合。可以观察到的中国的现状是，面对劳动关系中的矛盾，工人群体更容易产生集体性的抗争策略。比如，2010 年 5 月，南海本田罢工引发各地代工厂新工人的罢工潮后，广东省就有一百多家企业的工人爆发了争取更高薪酬待遇的罢工，仅大连一地在短短三个月内爆发了波及 73 家企业、逾万名工人参与的罢工潮。加薪是新工人爆发罢工的主要诉求（汪建华，2011），工作环境恶劣、缺少工作保护、经常拖欠工资、车间冲突是体力工人群体产生抗争行为的重要原因（唐有财、符平，2015）。这似乎解释了为什么产业工人群体和新工人群体易发生集体事件——因为在很多情况下，他们面临的经济问题和工作物理环境问题更加严峻。沿着这个思路我们可能形成两个推论：第一，工人阶层[②]面临更加严峻的经济社会问题，而脑力劳动者、白领、知识劳动者[③]群体面临

① 这里的体力劳动者包含服务业的以服务性体力劳动获取收入的劳动者。
② 根据马克思的定义，工人阶级或无产阶级包含所有以体力或脑力劳动获取收入、不拥有生产资料和生产工具，劳动成果大部分被资产阶级剥削并为社会创造主要财富的阶层，因而包含体力劳动者和非体力劳动者。在学术领域外，工人阶级实际上主要指社会中的体力劳动者，特别是能够以小时工资支付报酬的劳动者，主要包含非熟练工人、技工、外包工和工厂工人等，他们是劳动关系冲突的主要研究对象。
③ 这几个名称和概念相互涵盖，具体区分见第 90 页。

的劳动关系矛盾似乎相对轻微；第二，产生集体行动往往是由于对劳动关系的"严重侵害"，而一些"轻微"的、相对隐蔽的侵害难以引发激烈的抗争。

我们难以对以上两个推论感到信服。总体而言，第一个推论包含职业优势阶层与劣势阶层的对比，与中产阶层是社会"稳定器"的观点相互印证。罢工的主要群体是工厂中的体力工人，而我国的非体力劳动者——知识劳动者、白领群体确实较少暴露出与用人单位的矛盾与冲突。但是实际上，非体力劳动者群体不断分化，内部存在明显的中心－边缘关系，已经很难将他们简单归结为社会的中产阶层或优势阶层；劳动方式不断变迁，他们所面临的工作环境和劳动关系也呈现新的特点，即使处于优势地位，他们理所应当暴露出较少的劳动关系冲突与矛盾的观点也显然是片面的。第二个推论认为非体力劳动者较少产生集体行动和集体抗争，这在中国似乎是事实：由非体力工人引领的集体抗争较少，白领阶层更少，国内比较重大的白领罢工事件的数量是较少的。[①] 但是，中产阶层并不缺乏产生集体行动的动机、社会基础、动员能力和关系基础，从世界范围来看，白领罢工并不少见。

非体力劳动者较少进行集体抗争的原因，并不一定在于他们面临较少的劳动关系冲突与矛盾。中国的白领群体较少爆发出罢工和其他集体行动等较为激烈的反抗，从日常观察中可以发现，这个群体更加惧怕集体反抗的风险，或者说这部分群体在雇佣关系中的谈判能力较弱。虽然白领群体相较工人群体拥有较高的社会地位，但在面对工作－生活冲突时反而表现得更加脆弱和隐蔽，倾向于采用日常反抗而非激烈形式回应劳动关系的冲突。这可以

---

① 近年来比较重大的白领罢工事件有：2006 年 3 月，三菱东京日联银行（中国）有限公司深圳分行发生了 150 多名中方雇员参与的罢工，矛头直指公司的福利变动与人事纷争；2006 年 7 月，普华永道的全体中国员工为了不公平的薪水体制集体罢工；2009 年 5 月，百度中国华南的销售部门员工因不满销售新政而进行了集体罢工。

类比斯科特（2007）关于小农道义的研究，斯科特指出农民叛乱和农民革命相当稀少，农民的斗争大多采用平淡无奇却持续不断的斗争形式，比如时常偷懒、装糊涂、开小差、假装顺从、偷盗、装傻卖呆、诽谤、纵火、暗中破坏等，原因是农民意图避免公开的集体反抗的风险，而我国的非体力劳动者群体也具有这样的特征。

贝尔认为，在依赖技术和信息的社会中，训练有素的科学和技术工作者组成的知识阶层正在上升至主导地位，并将成为后工业资本主义的领导者。但是，这个群体日趋壮大并逐渐作为精英阶层占据统治地位，并不代表他们能够脱离劳动关系中的种种矛盾。知识劳工面临的问题同样复杂——企业优先的处境使知识工作成为效率和利润的双重神坛的祭品。知识劳动[①]者在公共领域的劳动话语遭到剥削、知识工人的去技术化、时刻面对远距离移动物质资料的要求和外包业务的工作特性，使他们的劳动关系问题十分复杂（莫斯可、麦克切尔，2014）。有研究指出，由于资方对知识工人的"去文化资本化"相对复杂，知识劳动者在劳动过程中的真实境遇及代价往往被掩盖和忽略（梁萌，2015），他们缺乏争取权利和利益的论据，缺乏公共领域有力的抗争话语。由于知识劳动的特点，以及劳动力市场中体力劳动者和服务业劳动者的需求不断增加，脑力劳动者如办公室人员的需求不断减少，知识劳动者在劳动力市场上的谈判能力受到影响（蔡昉、张车伟，2015）。李汉林（2007）对单位制的讨论也提供了启发和可能的解释，体制内的工作单位是国家对成员实现强有力的控制的一种方式，单位制劳动者中非体力劳动者的比例相对较高，因而也受到更加直接的强力控制，这可能是造成这个群体不易爆发集体冲突

---

① 佛罗里达将知识劳动限定为：直接操纵符号来生产一个原创的知识产品，或者给现有产品增加明显的价值。从这一观点出发，知识劳动包括如作家、艺术家、网页设计人员以及软件开发人员等人的工作（莫斯可、麦克切尔，2014）。

的重要原因。

对特定工作环境和工作特征下的知识劳动者来说，劳动关系中的矛盾呈现往往是隐性的。一方面，人们认为白领阶层相对于蓝领阶层、脑力工作者相对于体力工作者、知识工人相对于产业工人拥有较高的社会地位，社会优势阶层与劣势阶层相比"自然而然"地面临较少的雇佣矛盾，在办公室工作的痛苦与在工厂环境中的磨难不能相提并论；另一方面，在中国，非体力劳动者较少呈现大规模抗议、抗争和集体行动，这使他们的状况和诉求被一定程度地忽视。以 2009 年百度公司的一次罢工事件为例，由于当时公司推行营销新政，实施一系列底薪削减和销售目标上调等措施，原销售总监也被降职，这导致了数百名销售员工开始罢工，他们要么待在家中，要么来到办公室却拒绝工作。但是，这场罢工最后以原销售总监悄然离职、公司向员工初步妥协结束。罢工的结果并不令人满意，并且，类似这场事件的白领罢工事件并不多。①

我们可以看到，与体力工人遭受到显性的权利侵害和恶劣生活环境不同，在非体力劳动者、知识工人、白领劳动者群体的工作场所中往往难以发现显性的冲突因素，在不能发现他们的权利受到侵害和激烈的反抗方式的情况下，这部分群体面临的劳动冲突问题很大程度上被掩盖。非体力劳动者面临的劳动冲突问题往往是隐性的，这极大地削弱了非体力劳动者在公共领域的劳动话语——选择采用集体行动方式解决问题在理由上往往是不充分的，因而采用工会、集体谈判、集体合同、集体争议、集体冲突等方式考察非体力劳动者的劳动关系状况，难以反映该群体的问题。

我们能够看到，劳工研究关注的群体有一定的失衡，对此我

---

① 来源于网络资料《百度罢工事件：激进的代价》，http://www.meihua.info/a/3875/。

们需要检验比较的标准，对劳动者经历层面和结果层面的不满的描绘，主要基于薪酬、物理环境、工作时间等劳动者基本权利和利益获得的结论，而纳入工作生活平衡、工作压力、工作满意度、家庭满意度等劳动者精神层面、认知层面和劳动者增长性权益层面的指标进行综合考察，能够打开视野，发现和揭示非体力劳动者、白领、知识劳动者等群体的劳动关系问题。

2. 关注劳动者增长性权益和生活领域

从已有研究来看，劳动关系的评价总是关注如工资、社会保障、劳动环境、劳动权利、劳动冲突等劳动者的基础权益保障，例如，劳动争议方面的研究多从《中华人民共和国劳动法》的规定出发，但是，工人的利益诉求有一个从有法规保护和清晰标准的"底线型"诉求到无法规保护及清晰标准的"增长型"诉求的转变（蔡禾，2010），以往的集体争议集中于由劳动者权利被侵害而引发的权利争议，近年来转变为以要求在现有基础上改善待遇、要求公正待遇的利益争议为主（常凯，2013）。劳动关系的评价应当体现从基本权益到增长性权益转变的趋势，因而在衡量劳动关系的指标方面，应更多地选取涉及劳动者增长性权益方面的指标，如工作生活平衡、工作场所满意度、工作生活质量等。

此外，劳工研究从以往关注日常生活到关注劳动过程的转向，到现今呈现从劳动过程到日常生活的转向，这也与工作生活平衡研究成为研究者的关注点相契合。对广大劳动者来说，日常生活能够提供与劳动过程不同的行为和体验，如社区、休闲、家庭、身体活动等，同时也能够作为劳动关系的反映。工作生活平衡研究重视劳动者的生活领域，既是由于生活领域能够呈现劳动关系的状况，又是由于生活领域能够呈现劳动者的生活状态。劳资关系如何受到社区生活形态的影响，劳动者日常生活对理解劳动关系和劳工政治有何种作用，应该得到更加细致的阐述。从日常生活过程中获取素材，通过对劳动者日常生活的观察寻找抗争的动力、动员和表现，将生产线之外的生活领域作为劳工抗争的集合地和资源蓄积地，能够打开劳工研究的想象力（汪建华，2015）。

以上两种趋势在当前劳动关系评价指标的具体呈现表现在，劳动关系评价主要采取缺勤率、投诉率、员工受处分比例、员工和雇主的冲突比例、离职率、产业关系事件、劳动争议事件、员工收入保障、员工权益实现、技能发展等客观指标，对产业关系氛围的评价、对长远发展的信心、对工会的满意度、对管理层的满意度等主观指标来衡量工作场所的劳动关系（见表1-2），例如，2007年的《中国民营企业劳动关系状况调查》，从工资情况、社会保险情况、劳动争议情况、工会工作、劳动保护、集体谈判等方面出发，选择的评价指标属于目前劳动关系评价的典型维度。研究者对劳动关系评价指标的选取有三个特点：①客观指标多于主观指标；②工作方面的指标较多，较少涉及员工生活方面和工作生活平衡方面的指标；③以员工基本权益方面的指标为主。

表1-2　国内外研究中劳动关系评价指标汇总

研究者	研究目的	调查对象	评价指标
European Working Conditions Surveys（EWCS）	工作环境调查	欧洲27国	工作发展 工作强度与自主性 工作的社会性创新 工作中的物理及心理风险 工作生活平衡
Katz, Kochan, and Gobeille（1983）	产业关系与企业经济绩效的关系	通用公司18个汽车工厂的所有监督和管理人员	投诉率、员工受处分比例、合同缔结时间和数量、缺勤率、工会和管理方对产业关系氛围的评价等
Christiansen（1983）	组织战略、结构与产业关系的关系	美国9个制造业工厂的管理者	劳动成本占总成本比例、离职率、非工会会员比例、缺勤率、抱怨率、相对生产率等

研究者	研究目的	调查对象	评价指标
Cutcher-Gershenfeld（1990）	冲突和合作型劳动关系对经济绩效的影响	纽约一大型工会化企业的 25 个工厂的管理者、工会管事、雇员、问题协调员	冲突频率、冲突解决速度、投诉的正式及非正式的解决、工作自主性、工作反馈等
Arthur（1992）	产业关系政策和实践与企业战略的关系	美国的 54 家小型钢铁厂的工厂最高人事经理	非管理者参与管理决策的程度、维修和技术工人所占比例、平均管理幅度、正式渠道申诉抱怨比例、平均每件产品的雇佣成本等
Addison and Belfield（2001）	雇员代表、可变工资和员工参与对经济绩效和产业关系的影响	采用英国 WERS 90 和 WERS 98 的数据，调查企业管理者	产业关系氛围、离职率和缺勤率
Kleiner, Leonard, and Pilarski（2002）	1974～1991 年产业关系政策对企业生产率的影响	美国一家大型飞机制造企业的工会领导、生产管理者	产业关系事件以及管理者和工会领导类型的变化
Gittell, Nordenflycht, and Kochan（2004）	劳动关系对公司绩效的影响	美国航空公司主要航线的管理者、三大工会领导、全国调解委员会成员	工会化程度、共同治理、工资水平、工作场所文化和谈判冲突
《中国劳动关系报告》（2007～2008）	企业问卷：均为客观数据；员工问卷：客观问题为主	银川、盘锦、青岛、滨州、慈溪、深圳、重庆的企业和员工	劳动关系的运行与协调、劳动关系的产出与结果
《中国民营企业劳动关系状况调查》（2007）	企业问卷，由企业管理人员填写；以客观数据为主反映现状，主观评价较少	上海、天津、重庆、福建、湖南、湖北、广西的企业	工资情况、社会保险情况、劳动争议情况、工会工作、劳动保护、集体谈判
汪弘、邱羚（2001）	企业劳动关系	上海 11 家企业	企业景气指标、企业劳动关系测评指标
姜颖等（2006）	微观和宏观和谐度	—	微观指标（劳动合同制度、工会制度、劳动纪律和规章制度等）、宏观指标（工会的组建率、劳动合同签订率等）

研究者	研究目的	调查对象	评价指标
黄攸立、吴功德（2006）	企业劳动关系	对合肥180家企业和27家企业进行两轮指标筛选	企业劳动关系管理行为、企业劳动关系管理结果
何圣、王菊芬（2007）	企业劳动关系	上海3022家企业	收入保障、劳动环境、权益实现、技能发展
赵海霞（2007）	企业劳动关系	—	权利安排状况、劳动关系建立与调整状况、劳动关系主体行为方式、其他影响因素
袁凌、刘星（2007）	企业劳动关系	广东东莞的40家企业	就业培训与工作环境、劳动合同与制度建设、工资报酬分配、社会保障、工会与劳动争议
秦建国（2008）	个体、集体和社会劳动关系和谐度	对11家银行1999～2005年的数据进行检验	分别根据定量和定性设计个别、集体和社会劳动关系和谐指标体系
张军（2010）	企业劳动关系预警指标	—	契约指标（劳动合同、集体合同等）、竞争指标（如员工流失率）
朱智文、张博文（2010）	社会劳动关系和谐程度	对2001～2006年的宏观数据进行测量分析	职工工资增长状况、三次产业比较劳动生产率、职业培训及技能鉴定发展状况、工会发展水平
钱叶芳（2010）	社会和个别劳动关系	—	劳动关系稳定的表现、劳动关系稳定的产出
姚先国、郭东杰（2004）	企业劳动关系	浙江的10家改制国企	对长远发展的信心、对工会的满意度、对管理层的满意度等
孙丽君等（2008）	企业劳动关系和谐程度	分层抽样，调查广州1200名职工	—

资料来源：张丽华、孙彦玲，2011。

可见，劳工研究过于关注体力劳动者群体，关注劳动者的基础权益而非增长性权益，关注劳动者的工作领域而忽视生活领域，这会带来研究的偏误。劳动关系评价指标的选取也有客观指标多于主观指标、工作方面指标多于生活方面指标、员工基本权益指标多于增长性权益指标等特点。工作生活平衡研究将劳动者的家庭和生活状况、家庭和生活满意度、工作和家庭/生活的冲突状况纳入工作环境研究的视域，能够通过劳动者生活领域及其与工作领域的关系反映劳动关系的状况，也能够增加对劳动者增长性权益的关注。本研究将工作生活平衡视为劳动关系的一个方面，通过对劳动者工作生活平衡状况的考察，回应和反思劳工研究和劳动关系研究中的一些局限性，将工作与家庭、休闲、社交、生活等各个层面相联系，将工作生活平衡这个更为人本的视角作为劳动关系的反映。

三 研究内容

对工作生活平衡问题的关注呼应了当前缓解工作与生活冲突的现实需求和产生的一些备受关注的现实问题，并且，将工作生活平衡作为劳动关系评价的范畴，打破了劳动关系研究的一些局限。工作生活平衡研究关注劳动者的增长性权益，这有利于打破以往过于关注劳动者基础权益的局限，反映非体力劳动者的劳动关系。对日常生活的关注，有别于以往研究对制度和结构的强调，而能够通过考察劳动者的生活，透视劳动者的就业质量和劳动关系。通过工作生活平衡研究对劳动关系进行多角度的考察，可以为政府治理和政策制定提供参考，对经济发展新常态下和谐劳动关系的建立具有参考价值。

本书形成了以下研究内容，第一，评价劳动者的工作生活平衡现状，选取的反映劳动者工作生活平衡的评价指标既涵盖工作领域，也涵盖生活领域，对生活领域的关注既是目的，也是特色，并且，既有反映工作生活平衡认知和满意度的主观指标，也有工作时间、弹性工作制度等客观指标。第二，从社会平等角度出发，关注劳动力市场分割对劳动者工作生活平衡的影响，其中职业分割反映了职业阶层地位对工作生活平衡的影响，讨论非体力劳动者和体力劳动者在工作生活平衡方面的差异；地区分割反映了经济、社会、文化环境的整体差异，讨论社会发展水平与工作生活平衡之间的关系。引入地区分割和职业分割框架，对不同劳动者群体工作生活平衡的差异进行比较，一方面，从各自发展模式和发展特点出发（如地区经济发展水平差异），尝试解释客观的社会环境、社会阶层地位、工作环境对工作生活平衡的影响；另一方面，从职业阶层地位差异出发，比较脑力劳动者和体力劳动者的工作状况、生活状况和工作生活平衡状况，阐释在工作生活平衡问题上是否存在社会不平等，建立客观环境、社会地位和主观平衡认知之间的联系。第三，根据已有理论和研究基础，从就业环境因素、工作环境因素和生活因素三方面探讨工作生活平衡的影响机制，尝试回应社会发展、劳动力市场和家庭生活变化带来的一些工作生活平衡的新问题。第四，阐述工作生活平衡的历史价值观和发展趋势，试图理解人们对工作、生活以及工作和生活关系的认知发展，理解影响工作生活平衡及冲突的价值观。第五，对欧洲国家和中国工作生活平衡的社会政策进行梳理，阐述欧洲国家和中国的政策发展重点，并比较欧洲国家和中国工作生活平衡社会政策发展的差异，为我国的政策发展提供借鉴。

四 研究方法

我们对工作生活平衡影响因素的探讨分成了两个层次，一是阐释劳动力市场分割，即地区分割和职业分割效应在劳动者工作方面和生活方面的分别体现，二是展现就业环境因素、工作环境因素和生活因素对工作生活平衡的综合影响。这两部分的分析主要基于2015 年的"中国社会态度与社会发展状况调查"数据中的工作环境部分，使用的数据处理方法有描述性分析、t 检验、卡方检验、多层次 Logistic 回归和二元 Logistic 回归等。对工作生活平衡历史价值观的梳理主要基于对文献资料的分析，对中西方工作生活平衡的社会政策的呈现和比较主要基于对政策文本的分析和对比的研究方法。

　　问卷调查和定量数据处理是研究者的主要研究方法。由中国社会科学院社会发展战略研究院主持的"中国社会态度与社会发展状况调查"，以中国城镇居住人口作为总体，具体而言，包括中国大陆的直辖市、地级市、县级市中居住在社区（居委会）辖区内的 16 岁及以上的人口。"中国社会态度与社会发展状况调查"涉及全国 24 个省/自治区/直辖市（不含甘肃、青海、贵州、西藏、新疆、内蒙古、宁夏等省和自治区），该调查于 2015 年开始实施，采用四阶段抽样方法，入户调查，户内抽样使用 Kish 表进行。调查共回收问卷 8100 份，在问卷有效性检验和数据清理后共获得有效问卷 7967 份。具体的基本抽样设计如下。

　　第一阶段是以 PPS 方式抽取出 59 个市区；第二阶段是市区内以 PPS 方式抽居委会；第三阶段是居委会内以随机方式抽户；第四阶段是户内用 Kish 表方式等概率抽人。

　　样本中每个个案被抽中的概率由以下公式计算，① 抽样权

---

① 　*pop. p*：六普数据中所有市区居委会中 16 岁及以上人口数。根据抽样框可以计算出，这一数字为 616432389 人。*ssu. p*：被抽中的居委会中 16 岁及以上人口数。这一数据多数来自六普数据。但在广西壮族自治区钦州市钦北区执行过程中，居委会变动非常大，已经不能从六普数据中得到相应居委会的户数资料，因此按照实际执行中收集到的户数资料进行了近似估计。我们先按六普数据计算了钦州市钦北区每户中 16 岁及以上人口数平均为 3.18 人，然后按照实际执行中收集到的户数资料乘以 3.18 人估计其居委会中 16 岁及以上人口数。*psu. n*：抽中的市区数。本次抽样设计中抽取 60 个市区，实际执行中由于福建漳州龙海市操作困难，实际执行了 59 个市区的调查，故而这一数字为 59。*ssu. n*：每个市区中抽中的居委会数。本次抽样设计中每个市区抽取 9 个社区，在实际执行中由于居委会人口数不一，多数市区中抽取 9 个社区，部分市区有所调整。*ssu. h*：被抽中的居委会的总户数。这一数据多数来自六普数据。但在广西壮族自治区钦州市钦北区执行过程中，居委会变动非常大，已经不能从六普数据中得到相应居委会的户数资料，因此按照实际执行中收集到的户数资料进行了更新。*tsu. h*：每个居委会中抽取到并且成功访问的户数。*tsu. p*：被抽中的户中 16 岁及以上人口数。

重应为上述概率之倒数。

$$\frac{psu.p}{pop.p} \times psu.n \times \frac{ssu.p}{psu.p} \times ssu.n \times \frac{tsu.h}{ssu.h} \times \frac{1}{tsu.p}$$

$$= \frac{ssu.p}{pop.p} \times psu.n \times ssu.n \times \frac{tsu.h}{ssu.h} \times \frac{1}{tsu.p}$$

五　本章小结

中国劳动力市场面临快速变迁，主要表现在供需关系转化、劳动力需求结构变化、劳动力成本上升、劳动争议案件频发，这带来了劳动者工作压力的增加和工作满意度的下降；家庭变化主要表现为实行独生子女政策后的家庭结构变化如单人家庭增多、超微家庭增多（1~2人家庭）、家庭养老育幼功能减弱、大城市中的"421家庭"经济支持结构增多、老龄化加剧等，这带来了劳动者家庭照护压力的增加。与此同时，经济社会发展带来休闲、健康、提高工作和生活质量以及提升家庭照顾和平衡工作与生活的需求不断增长。

在这种背景下，劳动者的工作生活平衡成为解决现实困境和回应理论问题的一个研究方向。特别是在劳动关系评价方面，劳动者平衡工作与生活的前提是缓解工作领域雇佣双方的矛盾，建立和谐的劳动关系，劳动者的工作生活平衡状况能够反映其获得和谐劳动关系的可能性和可行能力。第一，劳动关系研究应在以体力劳动者为关注重点的基础上，增加对非体力劳动者的关注，以产业工人为研究焦点，对知识劳动者、白领劳动者的研究较少。原因在于我国的劳动争议和劳工抗争主要发生于体力劳动者群体，而这是劳动关系矛盾的标志，体力劳动者被推至劳动关系研究的中心。但是，劳动争议和劳工抗争可以理解为工作－生活冲突的表现，但不能作为评价劳动关系的唯一标准。在中国，非体力劳动者特别是白领阶层较少进行集体抗争的原因，并不能归结为他们面临较少的劳动关系冲突与矛盾。更加可能的原因是，面临冲突与矛盾时，他们倾向于采取较为缓和的反抗方式。这当然是基于重要的现实原因，但显然不能因此忽视非体力劳动者面临的雇佣关系矛盾以及严峻的工作－生活冲突问题。对劳动者经历层面和结果层面的不满的描绘，不应只基于薪酬、物理环境、工作时间等劳动者基本权利和利益所获得的结论，知识劳动者面临的问题往往更加隐蔽并且不易呈现激烈的反抗方式，对此我们需要增加劳动关系呈现的方面。

第二，劳动关系评价应倡导增加适应劳动者增长性权益的衡量指标。工作生活平衡指标涵盖劳动者的工作领域和生活领域，能够较好地呈现工作场所劳动关系的综合情况。劳动者的利益诉求有一个从有法规保护和清晰标准的"底线型"诉求到无法规保护及清晰标准的"增长型"诉求的转变（蔡禾，2010），劳动关系的评价应当体现从基本权益到增长性权益转变的趋势。因此，劳动关系的衡量指标应更多地选取涉及劳动者增长性权益方面的指标，如工作场所满意度、工作生活质量、工作支持、晋升机会、工作压力等，从长远来看，这是劳动关系评价的发展趋势。

第二，劳动关系评价应当增加工作之外的生活指标。劳动者生活领域指标的增加是对劳工研究从关注劳动过程到关注日常生活的转向的适应。劳动者的工作领域和工作质量能够影响生活，其生活领域和生活质量显然也能够影响工作，在工作生活平衡的研究中工作和生活两个领域同时具有重要的地位。

一方面，工作生活平衡研究可以采用个体主观评价和客观反映的方式来呈现劳动关系，反映其中隐性的冲突与矛盾；另一方面，工作生活平衡研究本身对生活方面有着与工作方面均衡的关注，解决了单一的视角导致研究者无法从整体上把握劳动者的劳动关系发展的问题，始终将基础权益和工作领域的考察作为劳动关系研究的核心，难以完整地反映劳动关系状况的矛盾。欧洲的五次工作环境调查均将工作生活平衡作为工作环境的衡量维度，而在我国大型的劳动关系调查中，工作生活平衡维度还较少涉及。因此，本书提出了工作生活平衡的研究议题，并将该议题置于中国快速发展的经济社会背景下，置于对已有劳动关系研究中缺乏对非体力劳动者的关注、劳动关系评价过于关注工作方面而忽视生活方面等问题的理解上。

第二章　工作生活平衡理论

对工作生活平衡的研究起源于美国和英国，研究的焦点始终与社会经济环境以及工作环境中亟待解决的社会问题密切相关。例如，20世纪60年代，西方社会中大量哺育和照顾孩子的母亲涌入工作场所，如何协调母亲工作和照顾孩子的问题引发广泛讨论，延伸至工作生活平衡研究对女性劳动者的关注。20世纪80~90年代，随着商业发展和工作节奏加快，如何缓解工作压力和减轻工作–家庭冲突成为工作生活平衡研究的重要方面。20世纪90年代末至21世纪初，信息技术的发展使弹性工作制和远程办公成为可能，互联网技术和新型工作对劳动者工作生活平衡的影响成为研究热点（Lewis，Gambles，and Rapoport，2007）。

从理论基础来看，工作生活平衡研究可借鉴劳动关系/雇佣关系/劳工研究的理论成果，也可以借鉴管理学、心理学等学科的理论成果，以及家庭/休闲/健康研究的理论成果，是一个丰富的、交叉的研究领域。本章对当前工作生活平衡研究的主要理论和文献进行总结，以对现有的研究形成总括性的认识，通过梳理和评析，针对现有研究的不足进一步展开研究。

一　工作生活平衡的内涵

（一）工作和生活的关系：平衡与冲突

如何看待工作和生活的关系，是界定"平衡"的前提。一般而言，工作和生活被视为区别、融合或对张的两个领域（李原，2013）。一种观点认为，工作和生活存在区分和边界，无论在制度、结构方面还是在价值观、目标方面，两个领域都有较为明显的区分。克拉克（Clark，2000）认为，工作和生活属于两个范畴，分别与不同的规则相联系，因而在两个领域中个体扮演的角色不同。工作和生活领域之间有物理边界、世俗边界和心理边界，个体需要在两个领域的边界上不断跨越，跨越边界带来了冲突的可能性。角色理论也指出，个体需要扮演多种角色，角色转换的过程需要消耗精力和时间，会产生角色冲突（李纯，2010）。边界理论和角色理论强调工作领域和生活领域规则的区别，由于个体在工作和生活中需要进行不同规则和不同角色的适应转换，二者之间会产生冲突和平衡问题。

西方女权主义者从角色理论出发形成了一些新的认识，强调性别与工作－生活冲突之间有难以分割的联系。他们认为，工作和生活的区别和分离建构了一种公领域与私领域的概念，使人们产生了工作世界与家庭生活分离、家庭生活在工作世界之外的印象，产生了免于家庭义务的工作者、拥有工作权利和职责的丈夫以及照顾家庭的母亲等角色，女性则与家庭劳动产生了固定关联，家庭劳动的孤单性、无偿性和重复性被以情感的名义掩盖。虽然工作和生活可以根据从事活动的不同划分为两个领域，但是，由于个体的连贯性，工作和生活的角色认同不应分割开来（佟新，2012）。工作和生活分离的认知建构了固定的角色类型和女性的刻板印象，而只有批判和打破这种工作和生活二元分割的思维，才能弥合女性与公共领域的割裂。

对于女权主义者来说，弥合工作与生活的出发点在于打破对男性和女性的固有角色认同，然而从具体实践来看，工作和生活的关系也似乎呈现着这样的趋势。随着信息化社会的发展，工作和生活两个领域日趋呈现重叠和模糊化的倾向，全球化和远程办公使不同时区的劳动者在同一时点工作，平台工作者和弹性工作者不断增多，比如斜杠青年、代购妈妈等新的工作类型和形式的出现，不断打破工作和生活之间的时间和空间界限，这导致传统的以时间为基础的工作和生活的区分难以适用，对于某些工作来说，两个领域可能并没有明显的时间界限和区别。

从工作和生活的相互影响也能理解二者的关系，帕克（Parker，1971）最早将工作对生活的影响区分为三种类型：延伸、中立和对立。帕克认为对于工作专注性、自主性和职业满意度较高的工作，比如商业、医疗、教育等行业，工作的满意感会延伸到生活之中，因而个体对休闲时间的需求较短；对于工作自主性低，并且职业满意度主要源于收入而非工作本身的工作（一般工薪族）来说，工作和生活是中立的，个体需要相对较长的身心放松时间；对于具有强制性甚至个体有憎恨心理的工作来说，工作与休闲呈现对立关系，比如煤矿工人、建筑工人等重体力劳动者，因而用于身心复原和补偿的休闲时间加长，这就是对立效应。帕克对三种关系的划分将生活和休闲作为工作的补偿进行理解，这也使得后续的工作生活平衡研究更多关注工作对生活的影响。对于满意度高的工作会产生积极溢出、对于强制性和满意度低的工作会产生消极溢出的判断似乎缺乏足够的依据。

斯坦斯（Staines，1980）认为工作与生活的相互影响主要有两种方式，一种是溢出，即工作经验会传导至生活，因此工作和生活容易表现出相似的模式，个体在工作和生活中呈现相似的活动类型，工作状况处理良好的个体，往往对生活状况处理得也较好，反之亦是如此。溢出理论的基础在于工作和生活是融合的，由于个体的性格、技能和能力具有延伸性，并且在工作和生活两个领域中存在相互的文化压力（如个体承受工作领域和生活领域处于同一层次的文化压力），个体的表现会呈现一致性。另一种是补偿，即认为工作和生活之间是补偿关系，即负相关关系，如果个体需求在工作中难以实现，那么个体会在生活和家庭中寻求补偿。例如，当女性对家庭满意度低时，会更愿意增加工作投入；如果工作中的体力活动很多，那么在生活中的体力活动就会相应减少，反之，生活对工作的影响也是如此。

实际上，溢出理论强调的是个体工作和生活的一致性和延伸性，从现实来看，劳动者一个领域（例如工作）的生活质量得到提高，能够使对应的另一个领域（例如家庭）的个人表现得到提高（Grzywacz and Carlson，2007；Greenhaus and Powell，2006）；而一个领域的生活质量较差，也往往会给另一个领域带来消极的影响。补偿作用则强调个体的平衡性，如果个体的满意感、自尊、自我效能等在工作或生活的一个领域难以实现，那么会在相对的另一个领域寻求补偿。研究者通过对大量文献的综述，发现溢出理论更好地解释了工作和生活的关系，即工作中的情感、态度、技能和行为会带入生活领域，产生和工作领域一致的、积极或消极的影响。此外，也有部分研究认为，工作和生活之间并不会相互影响，二者的关系是中立的。

从角色理论出发，卡尔森等研究者（Carlson et al.，2000）概括了已有研究中三种工作－生活冲突的方式：基于时间的冲突、基于压力的冲突和基于行为的冲突。基于时间的冲突主要指参与一个角色的时间使个体难以参与另一个角色；基于压力的冲突表明在一个角色中经历的紧张和压力，会侵入并干扰另一个角色的参与；基于行为的冲突是指一个角色所需的行为与另一个角色的行为期望不相容。进一步的研究认为，这三种形式的工作－家庭冲突中每一种都有两个方向：①因工作干扰家庭而导致的冲突（work interfering with family，WIF）；②因家庭干扰工作而导致的冲突（family interfering with work，FIW）。当这三种形式和两个方向相结合时，工作－家庭冲突的六个维度结果为：①基于时间的 WIF；②基于时间的 FIW；③基于压力的 WIF；④基于压力的 FIW；⑤基于行为的 WIF；⑥基于行为的 FIW。

概括而言，研究者将工作和生活的影响类型界定为一致性和对立性两种。一致性强调工作和生活两个领域的同方向发展，在一个领域中的生活质量和满意度较高，会带来另一个领域生活质量的提高，反之亦然，这是基于个体情感、态度、技能和行为的连贯性；对立性则强调工作和生活的冲突关系，在一个领域有较高的投入或卷入，会减少另一个领域的时间和精力投入，原因在于个体在不同领域间的角色和行为转换存在紧张、压力传导和时间冲突等。一致性和对立性可能与职业类型有关，也可能与个体特征有关。就影响方向而言，除了工作对生活的影响外，当前研究有一个从关注工作对生活的侵入到关注生活对工作的侵入，或者工作和生活双向侵入及双向冲突的趋势（Chang，McDonald，and Burton，2010），生活对工作也会产生侵入和负面影响，例如，因健康问题导致的员工缺勤、因休闲需求或家庭需求带来的员工离职问题，但是，总体而言，生活对工作的影响并不构成工作－生活冲突的主要形式，有研究表明，工作侵入生活的情况是生活侵入工作情况的3倍（Frone，Russell，and Cooper，1992b）。

正是由于工作和生活的相互影响，二者的关系才有平衡与冲突的界定。

（二）工作生活平衡的概念：广义与狭义

工作生活平衡的概念与一系列概念联系起来，比如"工作环境"（working condition）、"工作生活质量"（quality of work/working life，QWL）、"就业/工作质量"（job quality/quality of work，JQ 或 QW）、"雇佣质量"（quality of employment，QE）、"体面劳动"（decent work，DW）、工作满意度（job satisfaction，JS）等，作为这些概念的一个维度或近似概念。工作生活平衡大致属于工作环境和就业质量的范畴，但是，也有研究者指出，由于工作生活平衡涉及工作和生活两个领域，不宜纳入工作环境和就业质量的考察范畴。原因在于，第一，工作生活平衡不只与工作状况有关，工作特征、劳动者的个人特征，以及生活特征（如个人所处的生命历程、对待工作和生活的态度、对家庭责任的理解和承担意愿、个体的工作效率、家庭情况等）都会影响工作生活平衡，仅仅考察劳动者的就业状况很难明确其工作生活平衡状况。第二，劳动者工作生活平衡的促进政策往往超出了就业政策范畴，覆盖范围包含工作与非工作领域，因此将工作生活平衡纳入考察范畴，容易模糊就业质量的概念边界，影响其概念识别性、可操作性和政策意涵等（张凯，2015）。但是，尽管涉及生活领域，一个关键的问题是，工作生活平衡概念对劳动者生活领域的考察，仍然是以反映工作质量和劳动关系为目的的，因此认为其属于工作环境的研究范畴亦有依据。

　　工作生活平衡的概念有狭义和广义之分，一般而言，狭义的工作生活平衡研究与面向的焦点问题有关，特别指劳动者面临工作与生活冲突的状况，比较典型的工作生活平衡是以"不冲突"为出发点的。特别是，工作和生活的"不冲突"被研究者限定为工作和家庭的不冲突。当与工作相关的要求影响了家庭责任的承担时，是工作对生活的冲突，比如把工作带回家并利用本应与家人相处的时间来完成工作上的任务；反之，如果照顾家庭的责任妨碍了人们完成工作任务，就产生了生活对工作的冲突，如因为子女生病而不得不临时取消重要的工作安排（Frone, Russell, and Cooper, 1992a），当个体较少面对这种"顾此失彼""厚此薄彼"的冲突时，那么就处于一种平衡状态。此外，张等研究者（Chang et al., 2010）对245篇工作生活平衡的文献进行研究发现，大部分研究将工作－家庭平衡理解为工作生活平衡，并且倾向于用工作－家庭冲突代替工作生活平衡进行测量。

　　作为狭义概念的扩展，广义的工作生活平衡是指工作和生活的各个领域均达到一种满意状态，个体需要在精力、时间上保证出于个人自愿，并且能够将之进行很好的分配。当工作满意度和组织承诺较高、家庭满意度较高和家庭表现较好时，才意味着个体有平衡的工作和生活。比如，达克斯伯里（Duxbury）和希金斯（Higgins）把工作生活平衡定义为"来自一个人的工作和生活的需求是等量的一种均衡状态"。杰弗里（Jeffrey）认为，工作生活平衡主要包括三个方面：时间平衡——在工作和生活上投入的时间量相同；心理卷入平衡——在工作和生活角色中心理卷入程度相同；满意平衡——关于生活和工作的满意度相同（田甜、李旭旦、周勇，2011）。

工作生活平衡的广义概念强调工作对其他领域不侵害的同时，还应当对其他领域的责任实现展现出积极的保障和促进作用。皮克勒尔（Pichler，2009）认为工作生活平衡是防止工作侵入个人生活的手段，体现着劳动者对工作时间、工作形式和工作强度的掌控能力，以及将工作和其他责任、活动和意愿相结合的能力。研究者认为工作生活平衡指在其覆盖的五个关键的领域，即工作、家庭、朋友、健康和精神领域，当工作对生活中其他几个领域不构成侵害，几个领域又处于相互促进的状态时，个体即处于一种工作生活平衡的状态。英国商务部对工作生活平衡的定义为一种对工作模式的革命，即无论年龄、种族或性别，每个人都可以找到帮助他们将工作和其他职责或愿望结合起来的节奏（Maxwell and McDougall，2004）。

与以上基于冲突行为和满意感的定义略有不同，角色理论对工作生活平衡的定义是以不同角色间的角色差异、角色转换和角色期待为出发点的。格林豪斯（Greenhaus）和比特尔（Beutell）认为"工作-家庭冲突是一种内在角色冲突，来自工作和其他生活领域（如家庭）的角色压力，在某些方面无法互相兼容，以至于参与某一个角色会因另一角色的参与而变得非常困难"（刘永强，2006）。格雷兹瓦兹和卡尔森（Grzywacz and Carlson，2007）强调在工作和家庭中，个体如果能够实现与周围的人达成共识的角色期待，即达到了平衡。可见，角色理论认为个体在工作和生活中的投入和获得应当均衡，应当满足多个领域的角色期待。具体而言，个体在不同领域不存在角色冲突，不同角色之间转换顺畅，能够实现多种角色认同和角色期待，才是一种平衡的状态。

可见，广义的工作生活平衡概念认为平衡在于个体的工作和生活领域互不侵害，并且工作质量和生活质量均处于较优水平。这与斯坦斯等研究者所界定的工作生活溢出关系有相似之处，当工作和其他领域之间呈现积极影响时，当个体的工作质量和生活质量均较好时，才是一种具有幸福感的平衡状态。工作生活平衡的狭义理解有助于社会问题的聚焦，但也带来了两方面的问题，一方面，以家庭代表生活，考察工作和家庭的关系，很大程度上造成了偏误。生活领域不仅指家庭，还有休闲、健康等，而家庭和休闲是相当不同的（Staines，1980）。另一方面，狭义的工作生活平衡概念下，研究者倾向于考察个体工作和生活领域是否产生了冲突，不冲突也并不能完全代表劳动者处于平衡状态，不冲突不一定代表个体有较高的工作和生活质量，或对工作和生活有较高的满意程度。最后，狭义概念下研究者更加关注工作对家庭的侵入，即工作侵入家庭（work interfere with family，WIF），而非家庭侵入工作（family interfere with family，FIW）（Frone，Russell，and Cooper，1992b），这可能导致研究视野的狭窄。一项实证研究的结果表明，从平衡性而非冲突性出发，能够更好地解释工作生活平衡（Carlson，Grzywacz，and Zivnuska，2009）。

在以上分析的基础上，本书认为工作生活平衡指个体能够在工作和工作之外的生活领域达到满意状态，生活领域包含家庭、社会关系、健康、休闲以及其他生活方面。同时，工作生活平衡应当有一个基于工作角色期待和生活角色期待的限定，也就是说，个体在工作和生活两方面应当满足基本的角色期待。

二 工作生活平衡的测量

对工作生活平衡的测量，一些研究者从狭义概念出发，以工作－生活冲突测量劳动者的工作生活平衡，其中以科佩尔曼等研究者（Kopelman et al.，1983）、弗罗内等研究者（Frone et al.，

1992a)、纳特米尔等研究者（Netemeyer et al.，1996）和卡尔森等研究者（Carlson et al.，2000）发展的量表最具影响力，使用最为广泛（见附录）。弗罗内（Frone）等研究者发展的量表测量了工作对家庭的侵入（WIF），也测量了家庭对工作的侵入（FIW）。研究者使用"你的工作对家庭（家庭对工作）责任造成影响的次数多吗（比如做饭、打扫、修理、购物、照顾孩子）""你的工作减少你对家庭（家庭减少你对工作）花的时间的次数多吗"等问题测量工作侵入家庭和家庭侵入工作（见附录），研究者通过量表测量发现，家庭的边界相对于工作来说更加脆弱，因而家庭易被工作侵入。纳特米尔（Netemeyer）等研究者对测量工作－家庭冲突的100多个题项进行筛选，包括工作忠诚、工作满意度、工作耗竭、工作角色冲突、离职意愿、换工作意愿、角色模糊、自我效能、工作自我评价、生活满意度、关系满意度、家庭成员对关键事件的契合程度等指标，最后筛选出5个题项形成工作－家庭冲突量表（Work-Family Conflict Scale），包括"工作的需要干扰了我的家庭和生活""我的工作占用的时间让我没法实现我的家庭责任""因为有工作的要求，我想在家里做的事情没做完""我的工作给我的压力让我没办法实现家庭义务""由于工作相关的责任，我不得不对我的家庭活动计划做出改变"。反向作为家庭－工作冲突量表（Family-Work Conflict Scale，FWC）（见附录）。卡尔森（Carlson）等研究者采取了三个维度测量工作侵入家庭，包括基于时间的工作侵入家庭，采用例如"完成工作责任所必须花费的时间使我错过家庭活动"等题项测量；基于压力的工作侵入家庭，采用如"由于工作上有压力，我经常压力过大，回家之后没法做我喜欢做的事"等题项测量；基于行为的工作侵入家庭，采用如"工作中让我有效率的行为，对我成为一个好家长和好伴侣来说没什么作用"等题项测量。

另一部分研究者则从工作生活平衡的广义理解出发展开测量，例如费希尔（Fisher）等研究者2001年发展和2009年再次修订的工作生活平衡的自我评价量表对工作生活平衡的测量包含三个维度：工作侵入个人生活（work interference with personal life, WIPL）、个人生活侵入工作（personal life interference with work, PLIW），以及工作和个人生活增强（work/personal life enhancement, WPLE）。其中第一个维度测量了工作给个人生活带来影响的情况，第二个维度测量了个人生活给工作带来紧张和劳累的情况，第三个维度则测量了两个领域互相支持带来的积极情绪和能量状况。吴等研究者（Wu et al., 2013）的工作生活平衡量表也考虑了家庭领域之外的健康和休闲方面，研究者测量了个体的工作和家庭、工作和个人生活、工作和健康达到的匹配程度，比如就"我的工作和我的个人健康非常适配"等题项进行提问。王（Wong）等研究者用7个维度20个题项，包括工作之外的休息时间、工作场所的支持、工作忠诚、工作灵活性、生活方向、自愿削减工作时间以及保持职业生涯发展等方面测量了工作生活平衡（Wong & Ko, 2009）。另一项实证研究认为工作生活平衡包含工作满意度、组织承诺、家庭满意度、家庭表现和家庭功能几个方面（Carlson, Grzywacz, and Zivnuska, 2009）。以上研究量表中使用的指标多为社会心理学的认知指标，也有一些研究者采用客观指标进行测量，如佛罗莱恩（Florian）在综述已有研究的基础上，认为经济压力、家务劳动超载、家务劳动的不灵活性、家务劳动的压力、兼职情况、每周工作时间等14个变量能够反映劳动者的工作生活平衡（Pichler, 2009）。

在大型调查中，欧洲生活与工作环境改善组织（European Foundation for the Improvement of Living and Working Conditions, Eurofound）已经实行了6次欧洲工作环境调查（European Working Conditions Surveys, EWCS）、3次欧洲企业调查（European Company Survey, ECS）和4次欧洲生活质量调查（European Quality of Life Surveys, EQLS）。EWCS从2005年第三次调查开始测量了工作–非工作（work-nonwork）的状况，从2010年第五次调查开始

准确测量工作生活平衡维度（European Foundation for the Impro ve-ment of Living and Working Conditions，2016），调查指标的设计在大型调查中相对先进和完善，例如第六次工作环境调查的工作生活平衡维度涉及工作－家庭冲突、工作对健康的影响、工作压力、工作时间、工作灵活程度等方面。国际社会组织国际社会调查项目组（ISSP）和欧洲社会调查（ESS）在测量工作生活平衡时均包含五个维度：焦虑、劳累、私人时间、与家人/朋友的联系程度以及对工作的专注程度等。

张等研究者（Chang et al.，2010）对已有文献对工作生活平衡的测量方法进行了评述，他们得到以下发现。第一，大部分研究者采用工作家庭平衡代替工作生活平衡进行测量。在研究者搜索的 245 篇有关工作生活平衡的文献中，有 189 篇文献使用定量方法测量，其中仅有9%的文献真正测量了工作生活平衡，其余的定性文献中也只有 26% 测量了工作生活平衡。这是因为，工作生活平衡应当是在工作、家庭、交友、社区和休闲等方面都有足够的时间，或者是个人资源在各个领域的平衡，但是大部分研究仅考虑了生活中的家庭领域。第二，大部分研究使用冲突代替平衡进行测量。在 189 篇定量文献中，有 140 篇使用冲突代替平衡进行测量。第三，工作生活平衡测量有一个趋势，研究者开始从研究工作对生活/家庭的侵入转而研究生活/家庭对工作的侵入，或者工作和生活双向侵入及双向冲突。

从主观和客观指标来看，一部分研究者偏重使用客观指标测量工作生活平衡，如测量员工工作时间的灵活性和连续性、假期的灵活性（如产假、陪产假、事假、非带薪假期等）和工作地点的灵活性（如远程办公、视频会议），考察工作单位是否能够为员工提供家庭照顾，如护理中心、儿童保育方面的支持，为员工提供信息咨询服务，以及提供其他工作生活平衡计划等（Sánchez-Vidal，Cegarra-Leiva，and Cegarra-Navarro，2012）。其中，时间是最重要的客观测量指标，工作时间的长短、灵活性、固定性、稳定性直观地反映员工工作和生活的平衡状况。社会心理学研究对工作生活平衡的测量较多使用了主观指标，包括工作压力、工作－生活冲突、角色冲突、感知平衡等方面，例如询问被试是否希望有更多的时间照顾家庭，是否在工作完成回家的时候筋疲力尽等。此外，还有一些研究者采取了更加全面的、主观指标和客观指标相结合的综合指标的测量方法。表2－1列举了当前研究中使用较多的主观和客观的测量指标。其他的测量指标详见附录。

表2－1　已有研究对工作生活平衡的主要测量方法

测量方法	相关研究
主观指标为主	
工作投入，家庭投入，工作压力，家庭压力，工作－家庭冲突，心理压力等	（Frone, Russell, and Cooper, 1992a）
工作冲突，家庭冲突，工作－家庭冲突	（Kopelman, Greenhaus, and Connolly, 1983）
工作压力，角色冲突，角色模糊，离职意愿，生活满意度，工作时间，工作自律，工作表现，工作满意度，组织忠诚等	（Netemeyer, Boles, and McMurrian, 1996）
时间指标，压力指标，行为指标（包括角色冲突，角色模糊，社会支持，工作满意度，组织忠诚，工作参与，家庭满意度，生活满意度等）	（Carlson, Kacmar, and Williams, 2000）
生活关怀，生活满意度，家庭支持等	（Burke et al. , 1979）
客观指标为主	
工作时间的灵活性和连续性；假期的灵活性，包括产假、陪产假、事假、非带薪假期；工作地点的灵活性，如远程办公、视频会议；为员工提供的家庭照顾，如护理中心、儿童保育等；为员工提供信息咨询服务，如咨询中心	（Sánchez-Vidal, Cegarra-Leiva, and Cegarra-Navarro, 2012）
员工帮助计划，儿童照料计划，老人照料计划，健康休闲计划，个人咨询计划等	（Wang and Verma, 2012）
时间为基础的测量方法	（Heywood, Siebert, and Xiangdong, 2010）

测量方法	相关研究
工作时间，工作安排，工作地点，员工平衡培训，组织支持，假期制度等	（Maxwell and McDougall，2004）
综合指标	
工作多大程度上打扰了家庭生活，多大程度上需要家庭适应工作生活，多大程度上导致家庭角色和家庭责任难以实现	（Pichler，2009）
感知上工作的劳累程度，工作多大程度上侵害家庭生活，或家庭生活对工作的影响	（Pichler，2009）

在对工作生活平衡测量的指标维度和指标类型进行综述的基础上，本书认为综合指标能够更加全面地评价劳动者的工作生活平衡状况。

三　工作生活平衡的影响因素、影响机制和影响结果

劳动者工作生活平衡的影响因素、影响机制和影响结果是大量研究者关注的内容。管理学和心理学较早使用了工作生活平衡的概念，前者将工作生活平衡视为人力资源管理和员工福利的重要方面，后者则关注通过测量个体的主观认知指标，呈现员工工作生活平衡的状态、行为和心理机制。研究的共同点在于将工作生活平衡与个体、组织以及社会文化环境联系，探讨工作生活平衡对组织和个体的积极作用及影响因素，关注如何达至个体工作和生活的平衡。在管理学领域，研究者从组织管理的视角出发，关注劳动者工作时间、工作安排和工作地点的灵活性、组织对员工工作生活平衡的培训、支持以及组织中的休假制度变化对工作生活平衡的影响（Maxwell and McDougall，2004；Cegarra-Leiva，Sánchez-Vidal，and Cegarra-Navarro，2012a），研究它与员工表现、

离职率的关系，致力于工作生活平衡计划的发展。在心理学领域，工作生活平衡研究特别关注工作生活平衡相关的个体的心理和认知感受及相应的行为，将工作生活平衡作为个体工作生活和谐、身心健康发展的反映。

（一）工作生活平衡的影响因素

工作生活平衡的影响因素可以概括为社会环境因素、组织因素和劳动者个体因素。有研究认为从宏观的角度来看，导致工作和生活失衡的社会环境因素主要有三点。第一，有偿工作的发展。有偿工作对劳动者提出越来越高的要求，这带来了普遍的工作压力过大和休闲不足问题，这与资本控制加剧、人们职业流动速度加快、消费主义盛行等有关。第二，生活领域需要更多时间和精力的付出，无论关系维持还是照料需求，家庭成员、恋人和朋友都需要付出更多的精力，在他人关怀上，人们需要花费的时间和精力越来越多，这导致个体在不同领域内的投入很难均衡。第三，性别文化的影响。长期以来，女性在无偿关怀和家庭照顾中的角色并未发生根本改变，目前对于原有的性别角色分工和设置仍有较大程度的保留，这导致男性和女性在面对工作问题时有较大的不同（Frone，Russell，and Cooper，1992b）。

此外，国家制度和文化环境等宏观因素对工作生活平衡也有影响。与西方国家相比，东方国家的人们更有可能牺牲家庭时间满足工作需求，因为东方文化中有一种"牺牲小我，成全国家"的牺牲情节（den Dulk，Peters，and Poutsma，2012；Chandra，2012；McGinnity and Calvert，2009）。有研究者收集西方和东方国家25家大型公司的工作生活平衡政策进行比较，发现东方国家的组织中性别社会化程度和个人选择对工作生活平衡影响较大，而美国跨国公司更注重灵活工作方面的实践，印度的重点是公司推行的员工福利计划，西方在工作时间和育儿假等方面比东方更加慷慨，因此，组织的工作生活平衡计划与国家文化发展背景有关

（Chandra，2012）。

还有研究指出，发达国家、福利制国家更有可能采取措施保障员工的工作生活平衡，这与福利制国家和发达国家的法制进程和民主进程更为成熟有关。东西方国家工作生活平衡的公共政策重点也有所差异，比如中国的工作生活平衡政策主要集中于争取公民权利和劳工权利方面，而从欧洲来看，20世纪70年代英国出现工作生活平衡的概念，经过40多年的发展，欧洲已经尝试将工作生活平衡计划作为福利性公共政策推行。但是，这种观点显得过于绝对，一项对中国香港劳动者的调查就指出，强资本、弱劳工的就业环境使香港劳动者的工作－生活冲突问题难以得到应有重视，劳动力市场中超时工作的现象十分严重（梁宝霖，2014），这也表明其他社会因素比如劳动力市场中劳动者的地位和谈判能力也会影响劳动者的工作生活平衡。

组织因素中的组织特色、组织性质、组织规模、组织结构、组织发展策略、组织和管理层的支持性文化、组织的专业化程度以及其他方面的组织特征对工作生活平衡有重要的影响（见表2－2）。例如，公司规模较大的组织和女性员工较多的组织在工作生活平衡计划的推行方面更为成熟，女性从业较多的组织休假制度可能更为慷慨和宽松。有研究者提到大型的、专业化较强的组织为吸引和保留高水平人才，会更加注重工作生活平衡计划的推行（den Dulk，Peters，and Poutsma，2012；Chandra，2012；Cegarra-Leiva，Sánchez-Vidal，and Cegarra-Navarro，2012a；Heywood，Siebert，and Xiangdong，2010），不过，层级较多的大型组织相较于灵活的小型组织也可能更难实现员工的工作生活平衡（Sánchez-Vidal，Cegarra-Leiva，and Cegarra-Navarro，2012），因为其制度的稳定性较好，且员工的个体情况变化较大。与私有公司相比，公共部门更有可能关注劳动者的工作生活平衡。在消耗时间的职业和压力较大的职业中，在一些广泛施行薪金激励和竞争制度的职业中，在相对缺乏安全感、流动性高的职业中，员工更难实现工作生活平衡

（Heywood，Siebert，and Xiangdong，2010；Barbara and Sonja，2010；Morganson et al.，2010；Arnold et al.，2013）。不过，一些消耗时间的职业，比如餐饮服务业，往往工作时间较长，工作压力相对较小，而压力较大的职业往往工作时间也较长，可能同时面临工作时间长以及压力溢出，劳动者面临冲突的可能性更大。

管理层和组织整体对工作生活平衡的支持性文化直接作用于员工对工作单位中的工作生活平衡计划（Work Life Balance Program，WLBP）的使用程度（McCarthy et al.，2013；Barbara，Gene，and James，2007；Cegarra-Leiva，Sánchez-Vidal，and Cegarra-Navarro，2012b），在一些组织中，员工使用工作生活平衡计划仍需要和领导层有一个讨价还价的过程（Burgess，Henderson，and Strachan，2007）。还有一些研究指出，在工作生活平衡计划的推行过程中，推行者的语言模糊指代和含糊其词，造成劳动者的被歧视感（Mescher，Benschop，and Doorewaard，2010），影响了工作生活平衡计划实施的效果。此外，组织环境、组织形态和组织结构的变化，例如，经济发展对人力资本依赖性的提高、组织官僚层级的减少、组织扁平化和灵活组织形态的产生（如分享经济形态）等都能够对员工的工作生活平衡产生影响。

劳动者个体因素，比如员工对工作的热爱程度，员工是不是"工作狂"，员工的个性和自我实现的需求，员工的工作投入程度和工作控制能力等，都极大地影响其工作生活平衡的实现（Chandra，2012；Barbara and Sonja，2010；Arnold et al.，2013）。同时，个体的人口学因素，特别是性别影响是研究中出现最多的。女性被认为在工作生活平衡方面的要求更高，因为女性承担更多家庭责任，也更易面临工作和家庭的冲突（Chandra，2012；Maxwell and McDougall，2004）。但是美国肯耐珂萨研究中心（Kenexa Research Center，KRC）在2007年的一项逾万人的调查中发现，女性在出现工作-生活冲突的时候，会更加积极地向组织寻求帮助，并且更容易向组织表达自己的困难，女性在寻求组织帮助上较男性具有优势（Wikipedia，2016），因此女性更容易改善工作－生活冲突的状态，这与2015年欧洲工作环境调查的结果一致。

阶层地位的差异也会导致工作生活平衡状况的差异，因为收入和阶层地位较高的人群承担着更多的工作责任，显然也更加忙碌（McGinnity and Calvert，2009）。年龄对劳动者的工作生活平衡也有重要影响，中老年人显然在个人发展和家庭责任上的要求比中年人少（Wu et al.，2013）。麦高恩（McGowan）等研究者发现城市地区的工作者比乡村地区的工作者有较低的工作生活平衡度，主要表现为他们的"离职意愿"特别强烈（Wu et al.，2013）。表2－2对已有研究中工作生活平衡的影响因素进行了综合和概括。

表2－2 已有研究中员工工作生活平衡的影响因素

影响因素	相关研究
社会环境因素	
福利制国家、民主制国家、发达国家和其他地区	（den Dulk, Peters, and Poutsma, 2012; Chandra, 2012; McGinnity and Calvert, 2009）
东方文化和西方文化	（Chandra, 2012）
组织因素	
组织特色、组织规模、女性较多的公司、专业化较强的组织、公共和私有组织、消耗时间的职业、压力较大的职业、有薪金激励制度和竞争制度的组织	（den Dulk, Peters, and Poutsma, 2012; Chandra, 2012; Cegarra-Leiva, Sánchez-Vidal, and Cegarra-Navarro, 2012a; Heywood, Siebert, and Xiangdong, 2010）
组织发展策略	（Wang and Verma, 2012）
管理层级	（Sánchez-Vidal, Cegarra-Leiva, and Cegarra-Navarro, 2012）
组织支持性文化	（McCarthy et al., 2013; Cegarra-Leiva, Sánchez-Vidal, and Cegarra-Navarro, 2012a; Samsinar, Murali, and Izhairi, 2010; Wu et al., 2013）

影响因素	相关研究
管理层支持性文化	(McCarthy et al., 2013; Barbara, Gene, and James, 2007; Cegarra-Leiva, Sánchez-Vidal, and Cegarra-Navarro, 2012b)
人力资源支持性文化	(Barbara, Gene, and James, 2007)
工作中的安全感	(Barbara and Sonja, 2010)
办公类型（例如，在家办公、以客户为对象办公和通信办公等方式间存在差异）	(Morganson et al., 2010)
劳动者个体因素	
家庭和社会支持性文化	(Samsinar, Murali, and Izhairi, 2010; Rupashree and Shivganesh, 2010)
个性和自我实现的需求	(Chandra, 2012; Barbara and Sonja, 2010)
个体对待休闲的态度	(Chandra, 2012)
工作控制能力	(Barbara and Sonja, 2010)
工作投入	(Arnold et al., 2013)
个体人口学因素	
性别	(Chandra, 2012; Maxwell and McDougall, 2004)
婚姻状况	(Chandra, 2012)
阶层地位	(McGinnity and Calvert, 2009)

（二）工作生活平衡的影响机制

对工作生活平衡影响机制的揭示是解决冲突和不平衡问题的关键。对工作生活平衡影响机制的解释有一部分较为宏观，巴德（2013）认为，工作和生活产生冲突根源于用工单位和劳动者之间存在矛盾，这种矛盾的产生一般源于效率、公平和话语权等问题。[①] 出

---

① 其中，效率指有效地、利润最大化地使用劳动力以促进经济繁荣；公平是指在经济报酬分配、雇佣政策管理以及雇员安全提供方面的公平合理；话语权是指雇员实际影响工作场所决策的能力。

于对效率的关注，用人单位与劳动者在利益诉求上存在不一致，这种不一致通过工作环境、劳动政策、工作制度和生产结构体现出来，造成劳动关系紧张，引发劳动者工作和生活的冲突。剩余价值理论和劳动过程理论则更加深刻地批判了资方和劳方雇佣关系的固有矛盾，剩余价值理论将雇佣矛盾归结为资本主义制度下雇佣劳动的结果，由于资本主义社会劳动的目的是生产剩余价值，资本主义生产的发展带来的对工人的实质隶属极大地增强了资本对工人的控制权。劳动过程理论则认为在垄断资本主义阶段，个别分工、泰勒的科学管理、机械化和自动化技术的采用，导致工作的碎片化和专业化，这破坏了工人的完整技艺，削弱了工人控制劳动过程的能力，迫使工人在劳动过程中听命于资本家及管理者的安排。随着工人技艺的丧失，劳动过程的管理发生了从"技术工人控制"向"管理者控制"的转变，工人和资本家之间产生了根本矛盾。雇佣关系矛盾会导致资本家对工人采用多种形式的劳动控制，如延长工人工作时间和提高劳动效率，剥削剩余价值，最终导致劳动者工作和生活的不平衡。

韦伯对科层制的研究也为探索工作生活平衡的产生机制提供了思路。科层制很大程度上导致了管理者和雇员的矛盾，科层制下的命令－服从关系、高度理性和非人格化、分工过细带来雇员单向度化、科层制仪式主义等问题，致使工作中被雇佣者缺乏主动性、个人情感和需求受到忽视、工作环境缺乏民主气氛等。或者，文化因素也极大地影响了雇佣矛盾的产生，例如，传统文化造成的性别角色设置是众多研究者关注的内容，再如，新教伦理下的资本主义精神推动了"工作至上"的理念，因而相对于生活，特别是家庭之外的生活（休闲），工作似乎理所应当地占据首要地位。社会等级系统森严和过分强调工作伦理，进一步导致了劳动者工作和生活的冲突。

马克思主义学派始终从工人阶级的利益出发，揭露资本主义对工人阶级的剥削和控制，韦伯关于科层制特点导致工作－生活冲突的论述则指向更为广泛的社会制度问题，可见工作－生活冲突问题是迫使整个社会的劳动者面对的重要问题。此外，其他理论视角比如性别视角认为工作和生活不平衡与女性进入职场和照顾家庭的急迫需求息息相关，"工作至上"伦理和文化的视角对工作－生活冲突的解释则是建立在对传统文化或宗教文化的理解上，这些理论为工作生活平衡问题如何在广泛的社会环境中产生提供了重要的思路。

关于工作与生活不平衡的微观机制，心理学的解释之一是工作压力会带来心理焦虑、不适应性、过度关注某些方面，进而限制个体在生活方面的能力，这种超过正常范围的限制被界定为"工作带来心理上的悲痛感或不幸感"；生活对工作产生冲突亦是如此（Frone, Russell, and Cooper, 1992a）。工作压力和工作与生活不平衡之间的相关性在许多研究中得到阐释。还有一种基于个体角色的解释，由于工作和生活中个体扮演两种不同的角色，在心理上偏重于任何一方，都会导致在扮演该角色时精力、时间、心力付出更多。格林豪斯（Greenhaus）和比特尔（Beutell）则认为工作－生活冲突主要由个体的角色转换在两个领域无法兼顾造成，工作和生活产生冲突主要有三种形式：基于时间的冲突（time-based conflict），是指不同领域对个人时间的竞争；基于压力的冲突（strain-based conflict），是指人们扮演一种角色所产生的压力会影响其扮演另一角色的效果；基于行为的冲突（behavior-based conflict），是指一种角色行为的特定模式与另一角色的行为期望不相符（Chang, McDonald, and Burton, 2010）。这三种形式产生的原因均在于个体难以兼顾不同领域的投入。研究者在这方面还引出了工作投入的概念以及"工作狂"的概念，与之相对应的是生活投入。工作投入越多，生活投入则相应越少，反之亦然。

（三）工作生活平衡的影响结果

组织管理的理论和实践表明，工作生活平衡的提高不仅对劳动者有积极影响，对于组织发展也有益处。工作生活平衡是劳动者工作环境和工作质量的重要体现，反映工作中的权利和福利，因此平衡首先有利于劳动者个体的权利保护、健康和福祉，有利于工作环境的改善和劳动者压力降低、工作满意度提高；其次有利于组织降低离职率、增加激励、提高组织忠诚度、提升组织团结和提高劳动生产率①。2017 年，携程公司实施了一项员工实验，在保持总体工作量不变的情况下，一部分员工被允许在家办公，自主安排工作时间。实验发现，在家办公的员工绩效提高了 13%，其中 9% 来源于员工的休息时间和病假时间的减少，4% 来源于工作效率的提高；同时员工的满意度提高，离职率下降了 50%（Bloom et al. , 2015）。研究者认为，工作弹性的增加提高了员工平衡工作和生活的可能性，从而提高了劳动者的工作绩效。

可以说，研究者普遍认为工作生活平衡能够为社会、组织、个体带来积极影响（见表 2 - 3）。对于组织而言，员工工作和生活的平衡有助于提高和改善组织的生产率和员工表现，减少组织压力，为组织吸引和留住高素质人才，降低员工的离职意愿（Sánchez-Vidal, Cegarra-Leiva, and Cegarra-Navarro, 2012；Wang and Verma, 2012；Cegarra-Leiva, Sánchez-Vidal, and Cegarra-Navarro, 2012a；Clark, 2000；Maxwell and McDougall, 2004；Allen, 2001；Barbara, Gene, and James, 2007）。对于个体来说，工作和生活的平衡能够减轻员工本人和家庭的压力，减少员工的角色冲突，提高员工的工作满意度和家庭成员的生活满意度（McCarthy et al. , 2013；Samsinar, Murali, and Izhairi, 2010；Scandura and Lankau, 1997；Barbara, Gene, and James, 2007；Cegarra-Leiva,

① 有关劳动生产率和生产量是否能够提高，在社会中的认识最不一致。约束条件不同——社会环境、组织特点、工作模式不同，劳动者工作自主性对组织绩效的影响可能不同。例如，布洛维对于垄断资本主义劳动过程的分析，基础的一点就是认为资本家对劳动者工作自主性的控制会给工厂的产量增加带来好处；也有许多现代组织认为劳动者工作自主性的提高对组织绩效有很大裨益。

Sánchez-Vidal, and Cegarra-Navarro, 2012a；Morganson et al.，2010）。反之，工作和生活的不平衡可能带来一系列不良后果，这种影响不仅限于组织和个体，也会延伸至更广泛的社会文化领域。有研究指出西班牙是欧洲国家中工作和生活方面最不平衡的一个国家，这带来的后果是 25% 的西班牙家庭减少了生育需求，并且女性由于照顾孩子在职业晋升上受到很大限制，引发了一系列社会问题（Cegarra-Leiva, Sánchez-Vidal, and Cegarra-Navarro, 2012b）。

表 2-3　已有研究中工作生活平衡计划对组织和个体的积极作用

主要作用	相关研究
组织层面	
提高生产率和改善员工表现	（Sánchez-Vidal, Cegarra-Leiva, and Cegarra-Navarro, 2012；Wang and Verma, 2012；Cegarra-Leiva, Sánchez-Vidal, and Cegarra-Navarro, 2012a）
减少员工、家庭及组织的心理压力	（Sánchez-Vidal, Cegarra-Leiva, and Cegarra-Navarro, 2012）
提高组织忠诚度	（Clark, 2000）
吸引和留住高素质人才	（Sánchez-Vidal, Cegarra-Leiva, and Cegarra-Navarro, 2012；Maxwell and McDougall, 2004）
降低离职意愿	（Sánchez-Vidal, Cegarra-Leiva, and Cegarra-Navarro, 2012；Allen, 2001；Barbara, Gene, and James, 2007）
个体层面	
提高员工工作质量	（McCarthy et al., 2013；Samsinar, Murali, and Izhairi, 2010）
提高员工工作满意度	（Scandura and Lankau, 1997；Barbara, Gene, and James, 2007；Cegarra-Leiva, Sánchez-Vidal, and Cegarra-Navarro, 2012a；Morganson et al., 2010）
减少员工角色冲突	（McCarthy et al., 2013；Cegarra-Leiva, Sánchez-Vidal, and Cegarra-Navarro, 2012a）
提高员工家庭成员的生活满意度	（McCarthy et al., 2013）

　　面对劳动者的工作-生活冲突以及工作生活不平衡带来的不良后果，政府、社会、组织和劳动者形成了各自的应对策略，一个良好的趋势是，社会对工作生活平衡的重视不断加强，社会、

组织和个体不断尝试更加成熟和多元的工作生活平衡提升策略。例如，在大型城市，年轻人与上一辈老人同住，以便照顾子女的情形比较常见；家庭照料的需求促进了关怀经济的发展，为家庭照顾提供了便利；雇主为了提高雇员满意度，提供工作生活平衡计划、弹性工作制度、灵活带薪假期等多种选择以促进员工工作生活平衡，越来越多的劳动者也开始选择不定时工作的形式。在组织中，工作生活平衡计划（Work Life Balance Program，WLBP）被认为是当前解决工作-生活冲突问题最有效的途径（Cieri et al.，2005；Sivatte，2013），工作生活平衡计划提出了弹性工作制度、远程办公制度、带薪休假制度、紧急请假制度、家庭帮助制度、平衡咨询制度等一系列有助于员工提高平衡工作与生活的能力、减少员工工作和家庭冲突的制度和措施。概括而言，工作生活平衡计划主要以灵活的工作时间、灵活的工作空间、减少工作时间、灵活的请假制度以及提供工作生活平衡的帮助和咨询（Sánchez-Vidal，Cegarra-Leiva，and Cegarra-Navarro，2012）等形式呈现。有研究甚至发现，在组织中，即使员工不使用 WLBP 的福利，WLBP 的存在仍能给组织和员工带来有益的行为结果（Sánchez-Vidal，Cegarra-Leiva，and Cegarra-Navarro，2012；Scandura and Lankau，1997）。其他有助于工作生活平衡的工作制度还包括压缩工作周和时间储蓄。压缩工作周是指将一个员工一周的工作压缩在 2~3 天完成，剩余时间自己处理；工作分享制度，即由两个或多个员工共同分享一个或多个职位。对于一些对工作时间有季节要求或高峰时段要求的工作职位，时间储蓄或年度工时制也是一种行之有效的弹性工作制度安排，时间储蓄允许员工将工作任务比较重的高峰时期的加班时间进行"储蓄"，将清闲时期的时间用于休息。当然，也有一些相对激化的工作生活平衡的应对策略，比如劳动者采取集体行动、集体抗争或罢工，或者采取类似斯科特描绘的农民反抗的形式，应对策略的多样性也体现了劳动者群体面临的工作生活平衡问题的多样性。

四 劳动力市场分割与工作生活平衡

(一) 劳动力市场分割理论

劳动力市场分割是指由于政治、经济等外在制度因素或者经济内生因素的制约，劳动力市场被划分为两个或多个具有不同特征和不同运行规则的领域，并且由于这种差异性，劳动者在市场之间流动也是困难的。劳动力市场分割是对于劳动力市场非完全竞争的另一种表述（武中哲，2007）。劳动力市场分割可以分为纵向分割和横向分割，其中纵向分割指由于劳动力的个人素质和受教育程度差异形成了职业等级，主要因市场对人力资本的评价不同而形成；而横向分割主要指劳动力的所有制分割、城乡分割、产业分割，主要是因制度不同（如所有制结构、户籍制度、产业政策、劳动及社会保障制度）而形成。这两种分割形式都意味着劳动力市场无法实现完全竞争和平等交换，其中横向分割带来的公平问题更加突出，比如研究者对我国的城乡分割、地区分割、非正规劳动力市场分割等问题有广泛关注，这主要属于横向制度性分割。不过，劳动力市场分割的存在并不意味着应致力于消除所有的分割形式——因为有些分割因素会产生正向作用。

除劳动力市场的人力资本差异外，目前对劳动力市场分割的解释主要有以下三种。第一，社会性分割，主要指由社会歧视与社会习惯造成的分割，例如，性别差异、男女同工不同酬即社会歧视下的市场分割。在美国，黑人在同样职位上的报酬比白人低，也缺乏晋升机会，这种分割可以说是由社会因素造成的。

第二，制度性分割，指由于社会制度、法律和政策导致的市场分割。在我国，户籍分割、单位分割属于由政策因素造成的分割。值得注意的是，制度性或结构性分割是国内外社会学界研究者关注最多、研究最为广泛的分割形式（李建民，2002）。

第三，内生性分割，指效率工资理论对劳动力市场分割的解释。劳动力市场分割理论在 20 世纪 90 年代最重要的进展，是部分经济学家提出，劳动力市场分割不是由制度因素外生决定的，而是由内在经济因素决定的。效率工资理论提供了内生性分割的代表性解释。该理论认为，在劳动力市场信息不对称的情况下，厂商有动机主动将工资提到一个高于市场出清水平的程度来诱使职工努力工作，这种动机包括降低成本、减少离职、提高员工工作效率等。由于产业的非同性质，一些技术密集领域或依赖于智力的厂商由于难以对员工的实际能力和工作过程进行监督，更倾向于采用较高的效率工资来防止员工"出工不出力"；同时，这些厂商还利用"锦标制度"来激励员工，使其在一个"职业阶梯"中获得晋升——这是一个典型的内部劳动力市场的运作方式。而另一些劳动密集领域的厂商因为很容易对员工的劳动情况进行监督，便可以根据劳动力市场供求关系来确定工资和雇佣人数。基于这样的解释，劳动力市场分割更多是由企业内生性因素而非制度因素造成（厉家鼎，2009）。

1. 劳动力市场的职业分割

职业一直是社会分层的重要标识和劳动力市场分割的重要表现，职业收入、职业声望、组织中的权威关系和雇佣关系都是反映个体客观社会阶层地位的重要指标，即使有研究者指出当前没有必要进行传统的社会阶层划分，职业作为社会分化不平等的反映也得到了研究者的普遍肯定。

职业和职业声望一般被作为客观社会阶层地位和社会分层的最重要标志（刘精明、李路路，2005），许多研究者对社会阶层地位的划分是以职业为基础的。马克思经典的阶级划分主要基于经济关系，他区分了生产性劳动和非生产性劳动，将生产资料和消费资料生产归于物质资料生产，认为物质生产部门产生的劳动即生产性劳动是剩余价值的创造者，而非物质生产部门产生的劳动则是剩余价值的分割者，但是他同时指出两者在经济关系上并不存在剥削关系，而是共同受到资本家的剥削。在马克思这里，个体在经济关系中所处的不同位置,而非职业,是阶级划分的核心,但是,马克思之后的研究则逐渐开始将客观社会阶层地位特别是职业地位与阶级划分联系起来。

赖特对于阶级的划分则主要基于资产所有权、组织资产和技术/资格证书资产所有情况,他认为在两大对立的阶级之间还有一个庞大的"中间阶级",它们共同构成了资本主义复杂的阶级结构。他从资产所有权出发,将社会群体分为生产资料所有者和非生产资料所有者;从组织资产出发,分为管理人员、监督人员和非管理人员;从技术/资格证书资产出发,分为专家、技术性雇员和非技术人员(见表2-4)。在这三种划分下均存在剥削关系,这种剥削是由社会财产的初始分配不平等所导致的社会成员在劳动付出与最终收入对比上的不平等造成(刘欣,2007;吕梁山,2006)。可见,在赖特的分析框架中,职业已经成为阶级划分的重要标准。自此之后,职业作为资本主义秩序下的社会分层研究中最重要的标志延续至今(仇立平,2006)。

表2-4　赖特关于资本主义阶级地位的分类

生产资料所有者	非生产资料所有者				
1. 资本家	4. 专业管理人员	7. 半专业管理人员	10. 非专业管理人员	+	组织资产
2. 小雇主	5. 专业监督人员	8. 半专业监督人员	11. 非专业监督人员	>0	
3. 小资产阶级	6. 非管理专业人员	9. 半专业工人	12. 无产阶级	−	
	+	>0	−		
	技术/资格证书资产				

资料来源:吕梁山,2006。

韦伯认为阶级形成主要与个体的市场处境直接相关。由于社会分工形成了个体在市场中不同的经济利益与生活机遇,在市场中各社会阶级的权力、财富和声望资源具有不同的组合(韦伯,2010)。其中声望指职业声望,能够反映职业的异质性和不平等性,职业声望逐渐成为职业等级体系的划分标准,也在许多大型调查和研究中进行测量(高顺文,2005)。

洛克伍德也认为工作状况和组织对于阶级/阶层研究具有重要性，新韦伯主义理论十分强调工作组织中的权威关系，包括资产、劳动力和工作的控制与支配在阶层分析中的重要性，戈德索普进一步拓展指出劳动者的工作自主性也是权威关系的反映（李路路、秦广强、陈建伟，2012）。与职业声望的出发点不同，职业中的权威关系主要从雇主权威和员工的自主性两方面考虑，以组织中的权威等级反映劳动者的分化，这延续了韦伯的"权力"的分析概念。例如，李路路等（2012）从组织中权威关系的视角构建了权威阶层体系，指出职业阶层结构的权力表现在生产资料、组织权威和专业技能等方面。可以看到，研究者的视线并未脱离劳动者所处的组织和所从事的职业，但关注的重点从宏观意义上的职业结构转到具体的组织工作状况上来。

值得指出的是，与以上将职业及职业相关的组织因素作为社会分层的标识不同，格伦斯基和索伦森认为作为"真实"的社会群体，包括职业协会和行业协会在内的职业群体在社会不平等分析中十分重要。他们认为无论是新马克思主义还是新韦伯主义的阶级分析理论都过于宏大，而职业协会可以成为国家与个人之间的结合物，职业群体而非阶级概念已经深深嵌入了社会运行机制中，因而能够直观地体现社会的不平等。这种理解意味着以往的社会分层和不平等分析可以直接通过职业群体，而并不一定要通过阶层进行分析——职业和市场的分析可能比传统的阶级分析更加有效（Weeden and Grusky，2012）。

劳动力市场的职业分割理论关注的焦点也在于职业对劳动力市场划分和劳动者的影响，不过，职业分割理论与社会分层理论的区别主要在于职业分割理论认为职业之间的差距并不一定导致阶层的形成。不同职业在工作环境①方面，如在工资收入、工作条

---

① 这里的工作环境是一个广义的概念，指工作中的整体环境，包含物理环境和社会心理环境。

件、晋升机会、管理制度、工作稳定性上存在差距，原因则可以从制度、社会文化和人力资本等角度解释。职业分割研究往往与性别、受教育程度、行业、收入差距等联合分析，皮奥尔关于职业分割最有代表性的论述是，主要和次要劳动力市场在人力资本回报方面存在差距。在主要劳动力市场中，教育和资历等人力资本因素与收入呈正相关，因为主要劳动力市场中存在内部市场，劳动者不直接受外部劳动力市场竞争的影响，具有更多同雇主讨价还价的权利。而在次要劳动力市场中，没有形成内部劳动力市场，因而人力资本回报较低（吴愈晓，2011）。一项对职业分割下收入差距的研究验证了这一点，无论在主要劳动力市场还是在次要劳动力市场，受教育年限和工作年限与劳动者的收入都具有显著正相关关系，但主要劳动力市场受教育年限和工作年限提高对劳动者收入提高的作用要大于次要劳动力市场（田晓青，2014）。刘精明（2016）的研究也发现了这一点，国家权力和市场力量以不同的结合形态相互交织，公共部门、国有/集体经济部门、私有经济部门和非正式劳动力市场的制度、竞争、经营模式不同，因而基于教育和工龄的人力资本收益有所不同，非正式劳动力市场的教育和工龄的人力资本收益率都是最低的。当然，也有研究者反驳了职业分割理论，一项对农民工的实证研究发现，约有1/3的农民工获得了非体力职业（低端白领、技术和管理精英或私营企业主），即迈入了主要劳动力市场，受教育年限、进城工作年限等对农民工的向上流动起到了重要作用，人力资本成为他们晋升为技术和管理精英的重要条件。这意味着农民工群体内部出现了分化和差异，劳动力市场的职业分割能够被打破（符平、唐有财、江立华，2012）。

行业分割是劳动力市场职业分割的一种形态，有研究者比较了垄断行业与非垄断行业之间、新兴行业与传统行业之间、知识密集型行业与劳动密集型行业之间的收入差距，发现收入差距仅在新兴行业和传统行业之间不明显，在其他行业之间都有显著的收入差距，并且行业因素造成的收入差异解释了个体收入总体差异的绝大部分（王天夫、崔晓雄，2010）。[①] 研究还发现虽然在不同行业中个人特征（性别、年龄、受教育水平等）对于收入的决定作用相当显著，但它们的作用都受到行业特征的约束与调整。例如，行业的国有化程度较高对性别造成的收入差异具有减缓效应，而人力资本水平较高的行业对于教育的回报系数有进一步加强的作用。还有的行业特征并不是简单地减缓或加强个人特征的收入回报率，而是改变其效应曲线。对年龄而言，在新兴行业与大规模行业中，年龄的收入回报曲线变得更为平缓。由此可见，这些行业层面的因素对于收入的影响绝不仅仅是在不同行业导致不同的平均收入这一个方面，它同时还改变了个人层次因素的回报方式。研究者对行业分割原因的解释在于行业本身的差别与行业竞争，如自然竞争导致的行业自然垄断、市场机制不完善导致的资本与劳动力不能自由流动、行政支持的行业垄断，可见研究者将行业分割的症结归结为制度因素。然而，值得讨论的是，究竟是行业分割改变了个体特征影响收入的方式，还是个体特征调节了行业分割所带来的收入差距？我们在研究职业分割和个体因素对工作生活平衡的影响时也面临这样的问题。

单位分割是职业分割的一种特殊形态，劳动力市场中向非国有经济开放的产业和由国有单位垄断的产业之间构成了二元分割（张展新，2004）。单位组织和非单位组织并存的状态还会维持相当长的一段时间，有研究者指出单位分割可能产生的一个社会后果是，不同组织中的社会成员在相互比较的过程中会产生一种不平等和不公正的感觉，从而使不同社会成员、不同群体和不同组织之间的矛盾趋于激化，导致社会失控（李汉林，2008）。

[①] 在该文中这个数字为87%，但是应了解87%包含行业内所有因素解释的方差，很多因素是未选择的随机误差项，而随机误差项不排除为行业间的因素。

2. 劳动力市场的地区分割

有研究者认为劳动力市场的地区分割表现为在不同区域间市场化进程的不同，也有研究者指出市场发达的地区和欠发达地区的分割体现为再分配权力的强弱，在市场欠发达的地区，以再分配为基础的旧的分层秩序的连续性可能较强，郝大海、李路路（2006）的研究发现经济增长与经济发展（主要指市场化程度）、制度比较优势（主要指政治身份）以及国家政治权威（主要指国家垄断部门与非垄断部门）在很大程度上影响不同地区劳动者的收入差异，同时研究者也指出不同地区的资源禀赋、经济增长结构和发展机遇等因素也对地区收入差距产生重要影响。地方发展模式（如珠三角模式、苏南模式和浙江模式）、地方经济结构（如国有资本所占比例）对劳工工资产生影响（魏万青、谢舜，2013），这就是劳动力市场的地区分割。

劳动力市场的地区分割与地区经济结构、发展模式、地区文化、政府管理等诸多因素有关。在我国，东、西部地区或者说经济发达地区和欠发达地区的劳动力市场之间存在分割（蔡昉、都阳，2000），也有研究关注大型城市和其他城市、本地和外地、城市和乡村的区域分割（郝大海、李路路，2006），或关注两个相邻地区的地区分割（刘林平、雍昕、舒玢玢，2011）。比如，李静君对香港地区和深圳地区两家相同工厂的女性劳工的研究发现，两地对劳工的控制方式不同，香港工厂采用"家族式霸权"的管理模式，而深圳工厂采用"地方主义专制"的管理模式（利用工人的同乡网络和强制性纪律控制外来劳动力），导致劳工的集体行动特征不同，性别建构的过程也有所不同（Wu et al.，2013）。

从本地-外地的区域分割来看，有研究者认为分割的表现已经从就业保护差距转向社会保障差距：在地方分权社会保障体制下，农民工和"外来市民"均处于保障获取上的不利地位。本地-外地分割还表现在城市公共产品和服务的供给方面。例如，在城市教育资源的获取或使用上，本地户籍人口享有优先权或处于优越地位，而外来人口受到各种限制（张展新，2007）。李实、马欣欣（2006）对城市职工、城市中的农民工以及乡镇企业工人的"本地－外来""城市－乡村"的地区分割的研究表明，城市职工性别的职业间差异高于城市中的农民工性别的职业间差异，城市职工性别的职业间差异对工资差异的影响更大，城市职工的职业内性别歧视的比例更低，研究者将其解释为劳动工资原则、职务与职业评价制度、职业分类与工资标准设定的问题。中山大学对珠三角和长三角地区的劳工进行的调查显示，珠三角和长三角地区的劳工权益存在差异，原因可以从地域－社会－文化的思路进行分析，珠三角地区的最低工资标准、《中华人民共和国劳动法》落实力度落后于长三角地区，并且珠三角地区的企业由于本地人所占比例较低，影响了企业与本地人的人情管理模式，因而珠三角地区的劳工在工资水平、劳动合同签订率、社会保险购买率和工作环境等方面与长三角地区均有差距，工作环境的差距主要表现在物理危害、强迫劳动、冒险作业以及综合评价等方面（刘林平、雍昕、舒玢玢，2011）。但是，这项数据也显示，在珠三角地区9个城市内部，农民工的工资水平并不存在地区差异，这可能是由于在珠三角地区农民工已经进入了具有同质性的次要劳动力市场（刘林平、张春泥，2007）。

（二）劳动力市场分割对工作生活平衡的影响

研究劳动力市场分割对工作生活平衡的影响旨在发现劳动者群体之间的不平等或差距，试图解释哪些劳动者在工作生活平衡方面具有优势。从职业分割的影响来看，2000年，欧洲工作环境调查就指出，雇佣关系不同会给工作生活平衡带来影响，临时工（temporary workers）比正式工（permanent employees）面临更大的就业风险（European Foundation for the Improvement of Living and Working Conditions，2016），临时工面临更大的工作风险和工作压力，这种压力也不断向生活领域溢出，因而他们也更容易面临工作和生活的冲突。从职业类型来看，自雇劳动者和兼职工作者等非正式用工比正式用工的工作生活平衡程度更高，因为自雇劳动者和兼职工作者的工作自主性更高，工作时间也更短。

有关地区分割对劳动者工作生活平衡的影响，一项研究对珠三角和长三角地区劳工的生活感受、工作感受、心理感受进行了综合评价，发现珠三角地区的劳工的生活和工作感受与长三角地区的劳工有一定差距，例如，在闲暇生活、安全感、和当地人的关系、工作压力、心理健康等方面，研究者认为这是由人力资本和地区制度因素造成的，人力资本因素在于长三角地区的劳动者受教育程度更高，而地区制度因素在于，长三角地区的企业在组织互动氛围、企业结构、企业规模等方面相比珠三角地区具有优势（万向东、刘林平，2007），而在后续的研究中，研究团队又提出了地域－社会－文化的解释框架，认为地域、社会、文化综合因素导致了两个地区劳动者的工作状况和生活状况的差异（刘林平、雍昕、舒玢玢，2011）。

劳动力市场的性别分割、阶层分割、行业分割对工作生活平衡的影响也得到了大量探讨。女性劳动者被认为既负有更多照顾家庭的责任，又需要在劳动领域获得薪酬和发展，因此更有可能面临工作和生活的冲突。但是，2015年第五次欧洲工作环境调查的数据首次显示，与以往数据显示的女性劳动者工作－生活冲突更加严重的情况不同，男性劳动者由工作时间过长导致的工作生活平衡问题更加严重，原因可能在于，欧洲的男性劳动者更有可能从事全时的正式工作，而女性劳动者更有可能从事兼职的、非正规的、弹性的工作，并且，女性劳动者的工作生活平衡也有分层，有较多家庭照护责任的女性工作生活平衡程度显著低于照护责任较少的女性。从阶层分割的影响来看，贫穷的劳动者和高级专业人员更难达到工作生活平衡，因为贫穷的劳动者要花更多的时间在工作上，而高级专业人员的工作压力大、工作时间长，并且，虽然他们更有可能拥有弹性工作的权利，但是实践当中使用的机会很少（McGinnity and Calvert，2009）。这表明，社会阶层的高低并不一定直接影响劳动者的工作生活平衡。

一项与工作生活平衡有关的工作时间的研究也能够提供启发和借鉴，2012年，一项调查显示，工作时间的行业差距表现在，住宿业和餐饮业劳动者加班最多，周工作时间达到51.9小时，而金融业，科学研究、技术服务和地质勘查业，电力、燃气及水的生产和供应业等则属于"工资高、工时短"的行业。但是，从权威等级的工作时间差距来看，雇主反而比雇员的工作时间更长，55.5%的雇主平均每周工作时间在48小时以上，而工作时间在41~48小时或48小时以上的雇员比例分别为20.7%和27.4%，40.9%的自营劳动者平均每周的工作时间在48小时以上，可见，雇主和自营劳动者在工作中投入了比雇员更多的劳动时间（赖德胜、孟大虎、王琦，2015）。

休闲分层研究也为劳动力市场分割的影响提供了视角。阶层会带来生活方式的差异，因而也难以断定它对工作生活平衡不存在任何影响。韦伯认为，社会中的各群体有自身具有群体化特征的生活方式，在各自的生活方式下形成了相对封闭和稳定的群体形式，这意味着不同群体存在阶层差异，并且，带有"荣誉"分配意涵的生活方式体现了个体的社会地位，一些高社会阶层地位的劳动者有更长的休闲时间。布尔迪厄进一步指出，客观社会位置和存在于象征体系中的外显行为（生活风格）是社会空间的两个层面，"惯习"将客观社会位置和生活风格联系起来，因而上层社会在礼仪、风俗、消费和其他生活方式上表现出特别的品位，比如法国的社会上层在饮食、生活习惯上都具有特色。韦伯和布尔迪厄对不同群体的生活方式十分关注，而对生活方式的分析实际上建立在阶级和阶层差异的讨论之下。惯习是客观社会阶层地位的表征，其产生过程也是阶层形成的过程（刘精明、李路路，2005；韦伯，2010；布尔迪厄，2015）。

凡勃伦对休闲分层的论述与韦伯较为相似，但他以人们对休闲的认知为出发点进行论述，而韦伯主要从群体的休闲文化分层的角度进行论述。凡勃伦指出，社会中的有闲阶级被社会视为优势阶级，这种认知起源于人们保有休闲是高贵人群的特权，而工作则有贵贱之别的看法，休闲是高尚的，而有些工作则非常卑贱。至于这种认知的产生，可能是由于所有权制度、等级制度的发展和礼节的需要（凡勃伦，2015）。布尔迪厄也曾举过众多细致的例子，认为拳击、橄榄球或健美与民众阶级，网球、滑雪与资产阶级，高尔夫球与大资产阶级有种自然的联系。布尔迪厄认为生活方式的区分是集体和个人身份的根源，因此"纯粹的目光意味着与对待世界的平常态度的决裂，这种决裂由此也是一种社会决裂"（布尔迪厄，2015）。

也有研究者认为特定的生活方式、个人品位等本质上代表着文化差异而非阶层差异，认为个体的生活方式不是社会分层的决定因素，或者说二者并没有显著的关联。比如一项关于职业分割与生活方式差异的研究就发现，中国劳动者的生活方式和客观阶层位置有一定的关联，但生活方式并未呈现明显的阶层化倾向。研究者通过对不同职业的生活方式进行研究发现，体力劳动者与管理人员、专业技术人员和办事人员的差距主要表现在高雅休闲和通俗娱乐项目上，但是在高品位消费、生活感受和对西方节日的接受程度上差异并不明显，这说明生活方式的阶层化倾向比较模糊（刘精明、李路路，2005）。另外一项对组织中权威关系分层的研究指出，组织中具有较高权威和较高自主性的非体力劳动者在网络、茶酒、健身和阅读等基本休闲方面的参与度高于体力劳动者（李路路、秦广强、陈建伟，2012）。

五　本章小结

本章对工作生活平衡的文献进行了综述，在对工作和生活关系理解的基础之上，研究者界定了工作生活平衡的概念。狭义的工作生活平衡主要从三个角度进行界定，一是通过工作和生活的不冲突界定平衡，二是通过工作和家庭的冲突反映工作和生活的冲突，三是关注工作侵入家庭，而非家庭侵入工作的情况。与此对比，广义的工作生活平衡认为平衡不仅在于工作和生活领域的不冲突、不侵害，更是在于两个领域相互支持，相互影响，达到工作质量和生活质量均较高的状态。角色理论也将平衡定义为不存在角色冲突的前提下，个体能够实现多种角色的认同和期待。

从工作生活平衡的测量指标来看，基于对工作生活平衡的狭义理解而展开的测量中，测量指标多选取工作－家庭冲突代替工作生活平衡，而基于广义理解展开的测量，指标可能涉及工作和休闲、工作和健康，以及工作和生活的相互支持、相互促进等维度。测量工作生活平衡的客观指标可能选取工作时间的灵活性和连续性、假期的灵活性（如产假、陪产假、事假、非带薪假期等）和工作地点的灵活性（如远程办公、视频会议）等指标，其中工作时间是非常重要的测量指标。采用主观指标测量工作生活平衡，可能选取指标测量劳动者对工作压力、工作－生活冲突、角色冲突、感知平衡等方面的认知和评价。也有很多研究采用客观指标和主观指标相结合的综合指标进行测量。

从研究内容来看，大量文献关注工作生活平衡的影响因素、影响机制和影响结果。从影响因素来看，研究者将平衡与冲突原因归纳为社会环境因素、组织因素和劳动者个体因素。从影响机制来看，心理学机制、角色承担机制和雇佣关系矛盾是解释工作和生活冲突的三种主要机制。从影响结果来看，研究者普遍认为工作生活平衡能够为社会、组织、个体带来积极影响，反之，工作和生活的不平衡可能带来一系列不良后果。因此，为解决工作－生活冲突问题，有些组织已经有序地推行工作生活平衡计划。

现有的工作生活平衡研究还存在以下不足。第一，理论进展缓慢。已有研究以应用研究为主，关注工作生活平衡的积极作用及影响因素，缺乏理论探讨。管理学和心理学研究居多，社会学分析框架仍然缺失。社会学领域中工作生活平衡的概念使用较晚，然而，社会学视角有利于自微观至宏观建立个体和组织间的联系，展现员工和组织的互动过程。一方面，冲突理论、制度主义、性别视角等工作社会学领域中广泛应用的理论能够拓展工作生活平衡的研究视角（佟新，2012）；另一方面，社会学的视角有益于将管理学的客观指标和心理学的主观指标相结合，也能够展现个体和组织在工作生活平衡方面的互动和博弈过程。

第二，衡量指标单一。研究者在测量工作生活平衡时，关注工作方面的衡量指标，忽视了个体生活和家庭方面的指标（Pichler，2009）；研究者关注主观衡量指标或客观衡量指标，但忽视了二者结合的综合性衡量指标。

第三，尽管工作生活平衡的研究可以采用政治经济学的剥削视角、劳动经济学的市场竞争视角、女权主义的反父权制视角以及工作社会学的嵌入性视角等诸多视角，但许多社会学者对工作生活平衡问题的研究仍然较多采用单一视角。从研究内容来看，关于劳动力市场分割、社会分层对劳动者工作生活平衡的研究相对较少，阶层、职业、地区、雇佣关系等因素能否带来工作生活平衡的差距还有待进一步研究。工作生活平衡涉及工作和生活层面，不同职业的工作环境、工作状况、行业文化和其他特点，不同地区的经济、社会、文化、结构显然对劳动者有所影响，并且，不同职业或地区间可能存在差距和不平等，而改变这种现状又存在某些障碍和壁垒。

第三章　冲突与平衡：工作生活平衡
价值观的演变

"工作生活平衡"是一个对比性概念，工作生活平衡价值观建立在对工作和生活理解的基础之上，并且，当生活与工作作为一个概念的两个组成部分出现时，两者的含义便超越了其本身，而是表示与另一个领域的对应部分，成为一个相对概念。这种概念的相对性意味着生活与工作之间有一种影响关系，它主要体现在工作的规范性与生活的休闲性的对张、冲突和平衡关系上。本章从人们对工作和生活的价值观以及相互影响关系理解的角度出发，分析工作生活平衡价值观的思想演变及发展，为理解工作生活平衡的内涵提供思路。

一　生活的休闲性

在传统社会和文化思想中，工作生活平衡的价值观集中以工作、生活/休闲的一对概念出现，工作主要强调劳动付出，具有生产过程的规范性特点，生活则主要强调对劳动成果的享用，具有消费过程的休闲性特点，而休闲则更加纯粹地指家庭、家庭之外的娱乐和身体活动等。在西方古代社会思想中，休闲与生活的概念十分接近，贝克曾对此做出以下概括：

> 它（休闲，leisure，来源于拉丁词 licere）不是与活动相对，而是与"职业"（ascholia）相对——换句话说，是与一

种活动或行为相对，这种行为不是为了实施本人的利益，而是为了其他的什么东西。（埃廷顿，2009）

在很长一段时期，工作与生活关系的价值观集中体现在对工作与休闲关系的阐释上，对工作与家庭、工作与健康之间关系的阐述相对较少。因此，对工作和休闲关系的阐释是理解工作生活平衡价值观的基础。休闲既包含哲学上对与劳动相对应的闲暇价值的理解，也包含对游戏、娱乐、消遣行为的探讨，既能够联系到身体、体育、健康等概念，也涉及阶层、消费、文化等角度。在休闲研究领域，与休闲近似的概念由于不同的研究旨趣被共同阐释和解读，因此，与其将休闲作为一个概念，不如将其作为一个研究领域去理解。

古希腊时期，柏拉图借由苏格拉底的论述将休闲和修习美德联系起来。在《理想国》中，柏拉图勾勒了一幅乌托邦式的完美社会图景，休闲成为他构建完美社会秩序的重要一环。在柏拉图眼中，休闲应当反映社会对于道德规范的追求，不符合道德规范的休闲形式理所当然地成为他极力反对的内容。苏格拉底和格劳孔关于曲调即休闲活动有这样一段对话：

苏格拉底：我不懂这些曲调，我但愿有一种曲调可以适当地模仿勇敢的人，模仿他们沉着应战，奋不顾身，经风雨，冒万难，履险如夷，视死如归。我还愿再有一种曲调，模仿在平时工作的人，模仿他们出乎自愿，不受强迫或者正在尽力劝说、祈求别人，——对方要是神的话，则是通过祈祷，要是人的话，则是通过劝说或教导——或者正在听取别人的祈求、劝告或批评，只要是好话，就从善如流，毫不骄傲，谦虚谨慎，顺受其正。就让我们有这两种曲调吧。它们一刚一柔，能恰当地模仿人们成功与失败、节制与勇敢的声音。

格劳孔：你所需要的两种曲调，正就是我刚才所讲过的多利亚调和佛里其亚调呀。

　　苏格拉底：那么，在奏乐歌唱里，我们不需要用许多弦子的乐器，不需要奏出一切音调的乐器。

　　格劳孔：我觉得你的话不错。

　　苏格拉底：我们就不应该供养那些制造例如竖琴和特拉贡琴这类多弦乐器和多调乐器的人。

　　这里的"曲调"实际上反映了柏拉图对于休闲的态度。一方面，柏拉图指出休闲活动是影响个人和社会的强有力的工具，在教育人、净化人方面有重要作用，音乐、绘画、诗词、艺术、体育等休闲活动是功能正常的社会的关键内容；另一方面，柏拉图也强调正因为它们具有强大的影响力，所以社会只需要"好言词、好音乐、好风格"，唯有符合道德规范的休闲活动才应当存在，休闲的价值在于它是一种良性教育，通过休闲教育"恢复人类本来的样子"，而工作则不能达到这种目的。因此，柏拉图认为对娱乐性的休闲活动应采取严苛的审查制度，对于体育应从童年时期起进行严格艰苦的训练，戒除酗酒；对于音乐和艺术，"靡靡之音"和描绘邪恶、放荡、卑鄙、龌龊的坏精神的艺术不应存在（柏拉图，2010）。

　　亚里士多德进一步发展了柏拉图的休闲观，与柏拉图追求完美的谨慎态度不同，亚里士多德认为休闲本身就是人生价值和意义的终极体现，是全部人生的唯一本原。他认为，不同于嬉戏，闲暇本身就能够带来享受、幸福和极度快活。他将闲暇理解为一种灵魂教育[1]，闲暇教育包括读写、音乐、绘画、体育，其并不是为了实用，而是为了达到灵魂深处的真实的愉悦（亚里士多德，2013）。亚里士多德认为在哲学上休闲是一种自然的状态，更准确

――――――――――

　　[1]　皮珀在考察闲暇一词的希腊文后，也指出它的意思是"学习和教育的场所"（皮珀，2003）。

地说是介于理性和感性之间的"知性"状态[1]，休闲的重要性并非源于它的教育意义，而是源于人的本性，因为人的生存需要安享休闲。

柏拉图认为休闲是恢复人类原本样子的方式，能够教育人、净化人（奥萨利文等，2010）；亚里士多德将休闲置于社会生活的核心位置，认为它能够带来灵魂真正的快乐。由于不牵涉目的要素，并且休闲不为社会功能或是"工作"的制约而存在，休闲与自由有天然的联系（皮珀，2003）。虽然在理解上有所不同，但古希腊的哲学家们都视"休闲"为颇具高贵性的词语，成为劳动之后的放松和灵魂的升华。

同时，许多研究者也将休闲与相近的一组概念，如闲暇、休息、消遣、娱乐、游憩、享受、游戏、懒惰等进行区分。比如亚里士多德认为，休闲与其他概念的主要区别在于其并不因为某种利益或目的而存在，而是独立地存在。

> 它与"消遣"（anapausis）、"娱乐"（paidia——儿童做的事）相对或相区别。娱乐和消遣是在职业工作结束后的休息，并为新的工作做准备；这两者本质上都与职业概念相联系。休闲则以其自身独立的理由存在。所以，古希腊大哲学家、科学家亚里士多德启用了三个不同的概念：休闲、职业以及娱乐消遣。（埃廷顿，2009）

麦克林等（2010）也讨论了游戏、游憩与休闲的关系，休闲和游憩都强调对自由时间的利用，游憩是在一定条件和动机下进行的活动，是一个过程或存在的状态，是一种社会制度、知识体

---

[1] 亚里士多德将"知性"理解为"被动理性"，认为整个认识可以分为感性、被动理性、主动理性。被动理性是与感性知觉相关联的理性，它被赋予处理感性材料的职能，不能离开感性而存在。

系或专业领域，如体育、手工艺、音乐等属于游憩活动，它的主要动机是寻求愉悦。游戏则更像一种行为方式，比如在工作中的戏弄、探究发掘或是假装都可以归为游戏，而阅读、旅行、去博物馆等文化和智力活动更像游憩而非游戏。游戏可以发生在工作或是休闲中，而游憩只可能发生在休闲中。从休闲的概念及其与其他概念的区分来看，休闲及休闲意义上的生活体现了一种哲学的、教育性的理念，这成为我们理解工作与生活的关系，以及工作生活平衡价值观的起点。

二　西方社会工作/生活价值观的演进

（一）休闲崇尚和劳动禁忌

柏拉图和亚里士多德在工作与休闲的比较中赋予休闲更为"高贵"的价值。休闲的原始意义指一种超越劳碌工作的精神状态，其字面意思为"学习和教育的场所"。休闲和工作之间的关系被柏拉图寓意为神的旨意，休闲是由"众神陪伴"以"恢复到人类原本的样子"，表达了休闲具有高于工作价值的思想。

> 众神为了怜悯人类——天生劳碌的种族就赐给他们许多反复不断的节庆活动，借此消除他们的疲劳；众神赐给他们缪斯，以阿波罗和狄奥尼修斯为缪斯的主人，以便他们在众神陪伴下恢复元气，因此能够恢复到人类原本的样子。（皮珀，2003）

亚里士多德说"我们闲不下来，目的是悠闲"（皮珀，2003）。"闲不下来"在希腊语中指工作和每天忙碌的工作状态。以否定形态的词语表达工作，凸显出休闲才是亚里士多德眼中既平常又受到推崇的状态。这种表达恰恰与现代人使用"下班"或者"不上班"来表述生活和休闲相反，亚里士多德和古希腊人更愿意使用"不休闲"来形容工作。在《政治学》中，亚里士多德提到："一切事物都是围绕着一个枢纽在旋转，这个枢纽就是闲暇。""相比于劳作，闲暇更为可取，因为后者是目的。"（亚里士多德，2013）

荷马也曾提到劳动使人丧失尊严，而闲暇则象征人拥有自由和地位，象征人生来不受命运的驱使，不必进行劳作。在这个时期，休闲甚至比道德、公民的和政治的要求更加重要。在古希腊时期，人们对休闲是十分崇尚的，但仅有少数精英分子能够享受休闲带来的快乐，他们很少或绝不参加生产活动。少数人必须脱离体力劳动而享受闲暇、娱乐和消遣，这种有闲阶级的劳动禁忌观念在奴隶社会极为盛行。这种思想一直延续下来，直到文艺复兴时期，上层阶级的劳动禁忌才逐步被打破，但是劳动确实在很长时间内被视为休闲的对立面。

在这种休闲崇尚思想的基础上，古希腊的上层社会对生产性劳动感到厌恶，认为与苦工贱役联系起来的工作十分不雅。男性公民和贵族所从事的如战争、政治、运动比赛、学术研究和宗教信仰与生产工作和体力劳动是有区别的，一个纯粹的贵族不能接触体力劳动，日常劳动工作始终由非公民的劳动者、奴隶和外国人承担；贵族享受休闲活动不受任何限制，后来逐渐演化为由受过专业训练的人为贵族进行体育、戏剧、歌唱和舞蹈表演，不过作为贵族阶级特权的休闲活动必须与日常劳作分开（凡勃伦，2015；麦克林、赫德、罗杰斯，2010）。

一方面，古希腊人热爱游戏、崇尚体育比赛和静修、欣赏诗歌和音乐，对于休闲权利有所限制，社会下层被排除于某些休闲领域之外；另一方面，社会上层必须遵守劳动禁忌，有闲和脱离劳动共同作为他们拥有公民身份的标志。凡勃伦认为有闲阶级之所以被视为优势阶级，起源于人们抱有工作有贵贱之别的看法，至于这种看法的产生，可能由于所有权制度、等级制度的发展和礼节的需要（凡勃伦，2015）。在古希腊时期，人们赋予了休闲超越工作的价值，借由亚里士多德的论述即"相比于劳作，闲暇更为可取，因为后者是目的"（亚里士多德，2013），因此对工作的轻视也可能由休闲崇拜衍生而来，进而演化为劳动禁忌。

从古希腊哲学家们的价值观来看，休闲和劳动的关系显然呈现一种异化状态，即二者更多的是对立的关系。现代社会中崇尚休闲和轻视劳动的文化依然存在，社会上层仍保留着对生产行为的避免，区别化的休闲活动、通过休闲培养的礼节、刻画性的炫耀性消费也成为社会阶层区分的指标之一。"一个有地位、有身份的男子是不屑于劳动的，而劳动成为一个男子屈居下级的标志。"（皮珀，2003）在这样的传统观念的作用下，人们认为参加劳动是要降低他们的品格的。

皮珀（2003）在考察古希腊人对"懒惰"（idleness，拉丁文为 acedia）一词的定义后发现，懒惰本意指人放弃了随其自身尊严而来的责任，这种责任即上帝希望他成为的样子，人们绝望地不想做他自己、不想和本身的存在相符即懒惰。懒惰的反面并不是日常生活中努力工作反映的勤勉精神，而是一个人"对自己的存在和对整体世界以及对上帝和爱等皆然肯定，进而由此产生全然崭新不同的行为"。可见，从古希腊时代的眼光来看，懒惰与休闲极少有共通之处，反而与劳苦的工作有很大关联。古希腊人将懒惰和闲暇的缺乏看作互为表里的一体两面，正因为脱离了人的本身进入懒惰状态，才会劳碌地工作。人陷入懒惰不是因为不劳作，反而恰恰是懒惰导致人们不眠不休地为工作而工作，这一切是由于缺少闲暇和思考的能力。无休止地工作被归结于懒惰，而休闲才是从二者中解脱之源本，因此古代人对工作才颇有一种嗤之以鼻的态度。

随着社会文化的发展，这种观念在一定程度上得到了发展。劳动禁忌和休闲崇尚的思想的发展表现在，休闲可以作为社会阶层划分和社会秩序建构的原则，休闲在劳动之外成为划分阶级和阶层的一个标志。仅仅凭借保有财富或权力来获得并保持荣誉是远远不够的，还必须得以证明和体现。除了最低的文化阶段以外的一切文化阶段，如果能有一个"相当过得去的环境"，还能免于"躬亲贱役"，一个普通、正常的人就会感到安慰、感到自尊（凡勃伦，2015）。休闲就是这种荣誉和身份的证明，布尔迪厄曾举过众多细致的例子，拳击、橄榄球或健美于民众阶级，网球、滑雪于资产阶级，高尔夫球于大资产阶级有种自然的联系，集体和个人身份产生的根源正是这种区分，违反区分规则会引起致命的反感和彻底的厌恶，"一种形而上的愤怒"。如果不采取社会化的眼光看待事物，那么"纯粹的目光意味着与对待世界的平常态度的决裂，这种决裂由此也是一种社会决裂"（布尔迪厄，2015）。

休闲和劳动不断随着社会结构变迁而分化，人们也能够和擅长通过解码社会阶层的特定的"表演"来完成合法的社会分类（凡勃伦，2015）。休闲的"表演"直观地反映着社会阶层和社会结构，不过，不同于古代一目了然的休闲崇尚和劳动禁忌，休闲的区分性和对劳动的避免文化逐渐归于隐性，但是，对这种异化规则的自然遵守仍然导致对体力劳动阶层的"缺乏教养"的形容。

> 没什么比某种配置、某种才能，以及更罕见地，某种能力，能更严格地区分不同的阶级了，这种配置是合法消费合法作品客观地要求的，这种才能是对某些对象采取一种特有的美学观点的才能，这些对象已经被审美地构造了——因而被指定要受到那些已经学会辨认可欣赏的东西的符号的人的赞赏，这种能力指的是将随便什么东西，甚或（由于无论是不是审美地被"庸人"占有）"庸俗的"东西构造成审美的并在日常生活的最平常选择中如在烹饪、服装或装饰方面使用一种"纯粹"审美的原则的能力。（布尔迪厄，2015）

有闲阶级将休闲作为地位的象征，远离体力劳动是为突出其作为社会精英的地位，所谓的有闲阶级，就是指这一阶级很少或绝不参加生产类工作，而不是说他们对一切形式的劳动都避而远之。凡勃伦指出，从未开化时代至今，人们对有闲和劳动存在观念和实践的差异并进行严格的区分，有闲一般与非物质式的学术性和艺术性的产物相联系，如服饰、家具、竞技运动、马赛等。礼节成为有闲的一个重要派生物，休闲、礼节和消费成为一种高等、财富、高尚的象征（凡勃伦，2015）。在相当长的时期内，休闲仍然处于明显的价值高地之上。

（二）"工作至上"和休闲贬抑

在相当长的一段时期内，西方人保持着对休闲的崇尚。中世纪前期人们的工作和休闲均处于严格的教会限制之中，教会文化超越了工作文化和休闲文化。文艺复兴时期休闲活动恢复兴盛，人们的工作也进入正轨。文艺复兴之后，贵族主要从事狩猎、园林参观等休闲活动，但他们也鼓励艺术家展示艺术，鼓励在教育中加入体育锻炼、在社会生活中引入游戏等，使得大众参加休闲活动的机会得以增加，劳动禁忌的观念逐步被打破。新教改革时期，新教徒的思想较大地冲击了西方社会对工作－休闲关系的认识。与其说是休闲观念发生了转变，不如说人们的工作观念发生了改变。从《新教伦理和资本主义精神》中可以看到，清教徒大力倡导"在一种天职中系统而理性地为获取合法利润而努力"，在"信仰"的关照下，人们开始具有经济理性主义的特定倾向，一方面，这培育了理性化和趋利性的资本主义精神，驱动了"工作至上"伦理的产生；另一方面，作为职业天职的现代劳动又"带有一种禁欲主义的印记，个人被限制在专业化的工作上——这种工作迫使个人放弃浮士德式的人类共有的多重维度"（韦伯，2012）。这种放弃就包含对休闲追求的舍弃。

　　清教徒想要成为拥有职业天职的人；而今天我们被迫成为这样的人。随着禁欲主义从修道院的斗室中溢出，而被转

71

变进入职业天职的工作生涯，后来又开始统治世俗道德，它帮助建立了强有力的现代经济秩序的宇宙。而这一经济秩序现在却深受机械和机器生产基础上的技术及经济条件的制约，今天这一秩序决定着所有生于斯的个人的生活方式，而不仅仅是那些直接参与进来谋生的人。这一脉动机制以压倒一切的威力如此运作。也许它将一直持续到最后一吨矿物燃料燃成灰烬的时刻。（韦伯，2012）

追逐财富、恪尽职守、努力工作而又不虚耗时间、不追求享乐，新教伦理之下的资本主义逐渐树立了一种标准的"工作者"的形象，这种形象开始作为西方社会评判个体社会价值的标准。皮珀认为"工作者"有三个明显的特征：第一，具有向外直接的主动力量；第二，随时准备接受苦难；第三，极力参与功利性质的社会组织并执行理性程序。正是因为对这种形象的崇尚，休闲"似乎成为一种全然遥不可及且是完全陌生的东西，缺乏韵律，也缺乏理性——事实上，已经变成了无所事事和懒惰的同义词"（皮珀，2003）。休闲不断被视为工作的对立面，"工作至上"的伦理包含着对休闲价值的贬抑，在裹挟中休闲与懒惰不断被联系起来。

也就是说，随着工业社会的发展，资本主义的快速发展需要人们的劳动价值观和休闲价值观的一些改变。工业社会的快速发展带来一种与休闲崇尚思想的冲突，韦伯在《新教伦理和资本主义精神》中就指出，新教徒致力于获取财富，但是限制对财富的享受，而是秉承节约的精神，对于体育运动、休闲文化等出于肉体驱动享受生活的方式持有一种谨慎和疑虑的态度。这种"敌意"是由于清教徒反对一切纯粹享乐或者唤醒竞争的虚荣心的方式，以培养一种"中产阶级的精神气质"（韦伯，2012）。在这种文化导向下，无论是有人认为的休闲文化是一种过于舒适的娱乐文化，还是帕克和维伦斯基提到的休闲是工作的延伸，劳动者陷入工作的轮回（栗治强、王毅杰，2014；陈映芳，2010），抑或是波兹

《娱乐至死》中激烈地提到的人们被动地成为娱乐的附庸，毋庸置疑的是，休闲从价值高地越来越被拉入与享乐主义同等的位置，并且它开始十分迅速地向工作的补充方向发展。

随着对工作的重视和对休闲的贬抑在工业化过程中不断放大，"工作至上"的价值观形成并稳固下来，工作和与工作联系密切的消费取代休闲等成为衡量社会阶层地位的最重要的指标，这种趋势当然也引发了研究者的深刻批判。马克思曾运用自由时间理论①批判异化的劳动－休闲关系，资本主义生产关系剥夺了劳动时间中的一部分，即必要劳动时间之外的剩余劳动时间，而劳动者的自由时间是休闲产生的前提，一方面，剩余劳动时间的剥夺意味着劳动者自由时间的减少；另一方面，剩余劳动时间成为劳动阶级之外的一切阶级存在的物质基础，劳动者剩余劳动时间的集合产生了社会的自由时间，成为整个社会上层建筑的存在基础，即"一方的自由时间相应地是另一方的被奴役的时间"（王守颂，2015）。资本发展需要最大限度地占有剩余劳动时间和侵占自由时间，工人阶级的劳动本身就包含着对自身休闲时间的剥夺和对社会其他阶级休闲时间的供给，因此产生了自由时间与剩余劳动时间的根本对立，休闲与劳动之间的对立也由此产生。通过这种逻辑推演，马克思深刻地批判资本主义异化了劳动和自由时间，也异化了人类的休闲。

三　中国社会工作/生活价值观的演进

在中国，如果考察"休"和"闲"的中国古代词源，"休"为"吉庆""美善""福禄"之意，而"闲"则为"范围"，引申

---

① 自由时间是用于发展不追求任何直接时间目的的人的能力和社会潜力的时间，包括个人受教育、发展智力、履行社会职能、进行社交活动、自由运用体力和智力的时间。从整个社会来说，创造可以自由支配的时间，也就是创造产生科学、艺术等的时间。

为"道德""法度"之意。休闲指人的一种生存状态，即人应当过美好的生活，而美好的生活是符合道德①的生活（胡伟希，2003）。中国古代社会在一定时期内也存在休闲崇尚，古代哲学家看待休闲的观点与西方有相似之处，孔子在《述而》中提到"志于道，据于德，依于仁，游于艺"，将休闲作为修身养性、进德习业的方法；在《泰伯》中提出"兴于《诗》，立于礼，成于乐。子曰：民可，使由之；不可，使知之"，提出了审美教育对于民众的重要性。孔子认为休闲教育是德性教育的重要方式，但在《季氏》中又提到"益者三乐，损者三乐，乐节礼乐，乐道人之善，乐多贤友，益矣；乐骄乐，乐佚游，乐宴乐，损矣"，认为应以有节度的快乐、赞美他人的优点、广交贤友为乐，而如果以骄奢放纵取乐、尽情游荡、贪图安逸为快乐，就十分有害——休闲方式的选择应当符合礼德之义。荀子在《性恶》中提到"今人之性，饥而欲饱，寒而欲暖，劳而欲休，此人之情性也"，在《乐论》中提到"君子乐得其道，小人乐得其欲。以道制欲，则乐而不乱；以欲忘道，则惑而不乐。故乐者，所以道乐也，金石丝竹，所以道德也"，观点在于应以"道"约束人的本性以及休闲活动（王晓光，2009）。可见，儒家强调休闲在教育和陶冶情操方面的作用，是人们获得"德"的方式，因此需要以道德礼节对休闲活动进行约束，以避免不良的休闲方式对人的损害。在这一点上，孔子与柏拉图的休闲观点有相似之处。

中国系统的休闲思想的形成源于道家学派（田甜、李旭旦、周勇，2011），道家思想中的许多论述与休闲有直接的关联。老子指出"形劳而不休则弊，精用而不已则劳，劳则竭"（《庄子·外篇》），明确提出休闲能够缓解劳动带来的耗竭。老子提出了"游"

---

① 这里的"道德"并不是特指儒家的伦理道德。"道德"是指一种"中道"原则。这种"中道"原则才是中国古代儒、道、佛三家共同认可的关于"道德"的基本义。

的概念，"吾游心于物之初"，颇具浪漫色彩地描述了以内心游弋于万物之起始的自然状态。庄子也多次论述其"游"的思想，在《逍遥游》中提出"乘天地之正，而御六气之辩，以游无穷者"，"乘云气，御飞龙，游乎四海之外"；在《齐物论》中提出"游乎尘垢之外"；在《人间世》中提出"游心乎德之和"，"超然世外，欲乘物以游心，逍遥驰骋，必先了悟宇宙之真谛，才能至上善若水，利万物而不争，下百川，因容而深邃之境界"；在《大宗师》中提出"游乎天地之一气"；在《应帝王》中提出"游心于淡，合气于漠"；在《在宥》中提出"出入六合，游乎九州，独往独来，是谓独有"。庄子所说的"游"的状态，是在尘世之外的自然、超脱、淡泊、德性之感。如果以"游"考量道家休闲观，可以看到其所指代的休闲在于达到顺其自然、超越世俗、无欲无求的状态，休闲意味着精神境界的超越，与感官快乐十分不同，这与亚里士多德所说的休闲为达到灵魂深处的愉悦有相似之处，这种价值观反映了古代思想家也有一定的休闲崇拜。

尽管中国古代社会存在休闲崇拜的思想，但是从更长的时期和对文化的影响程度来看，休闲崇尚并非中国主流的价值观念。中国现代社会的工作/生活价值观较多地继承了儒家文化的理念，具体表现在在工作中倡导努力与付出，在家庭中倡导伦常和体谅，而休闲则相对被压抑和淡化。

（一）工作伦理强调勤劳与奉献

以儒家思想为基础，中国的现代社会发展了一种"儒家工作行为"，即包括尊卑有序、节俭、毅力、知耻、礼尚往来、慎重、要面子、尊敬传统等因素，对劳动者的工作行为产生了重要影响。中国和其他一些亚洲国家推崇热爱祖国、努力工作、勤劳上进，工作既不局限于本身的内容，也不能完全基于个人的选择。一项与22个国家和地区的联合研究发现，日本和"亚洲四小龙"等国家和地区的 GDP 增长与劳动者的"儒家工作行为"相关（张苏串等，2014）。

在当代，以集体主义和奉献社会为主要目标的马克思主义工作伦理是主流的工作价值观。马克思提到"为大多数人带来幸福的人是最幸福的人"，"选择能为人类福利而劳动的职业"（张苏串等，2014），提出共产主义旨在实现人的全面发展和自由，劳动是为了全人类的幸福。热爱工作、热爱劳动、克己奉公等工作态度被国家和社会广泛倡导，如新中国成立之初所倡导的井冈山精神、长征精神等。马克思主义工作伦理与儒家工作伦理有较强的呼应，二者都强调工作不仅是完成个人的职业选择和职业目标，更是个人人品和道德的反映，具有为国家和社会服务的更为崇高的意义，对于工作付出给予个人能力之上的充分肯定。这种工作伦理增强了社会个体的劳动动机，引导工作领域的行为，使劳动者崇尚勤劳工作和奉献精神，也就是说，努力工作的价值被肯定和倡导。

（二）家庭伦理强调伦常与体谅

家庭伦理在工作/生活价值观中有重要的价值，家庭伦理不仅调控着家庭成员之间的伦常关系，还承担着化生社会道德规范的功能，许多社会道德规范要求通过移植或延伸家庭道德律则完成（周俊武，2011）。在现代社会，家庭在工作以外的个体生活中的重要程度往往超过休闲。自秦朝以来，儒家伦理逐步深入家庭，以诸多家训、家教、家学为代表，传播尽忠、尽孝、长幼尊卑有序、谦恭谨慎等思想。家庭成为古代女子的教育场所，产生多部如《女训》《女诫》等有规范女子行为内容的书籍，但内容多描述女子对父亲、妻子对丈夫的尊重与体谅。曾国藩曾是中国家庭伦理思想之集大成者，他也提出，孝悌为立家之本、勤俭为持家之道、教化为兴家之策、睦邻为和家之辅（周俊武，2011），也是强调家庭的责任。中国的家庭伦理主要作为家庭伦常关系和社会道德建设的依据，尽管历来不缺乏对家庭的关注，但它往往强调的是付出、责任和规训，对家庭关爱方面较少提及，缺乏对夫妻感情的重视，也缺乏对幸福和愉悦享受的赞扬。

家庭作为社会生活和生产的基本单位受到充分重视，但长期以来家庭伦理受到宗法血缘关系的巨大影响，使"家国同构"的伦常关系和社会道德在中国的家庭关系中影响深远。虽未对家庭关爱有特殊的强调，但家庭对工作的牺牲和付出也是巨大的。一方面，这导致家庭成员对家庭的付出更多地成为一种责任，即对家庭生活的享受并不强调；另一方面，情感的付出难以被赋予合理的价值，也难以有合理的"回报"和"预期收益"，即关怀价值缺乏估量。这些家庭伦理思想实际上影响了中国人的工作－家庭观，特别是当家庭与工作出现冲突时，工作的重要程度往往高于家庭。

（三）被压抑和淡化的休闲

现代社会的休闲伦理受到儒家思想的深远影响，传统儒家思想明确强调休闲应处于道德约束之下，加之对勤奋节约、吃苦耐劳、戒懒戒色的宣扬，中国人对休闲的观念长期以来十分警惕，对休闲的尺度也有严格的规范，如果跨越界限，即使合乎道德约束和规范，休闲也极易被认为是懒惰或享乐。中国社会中也存在将休闲污名化为懒惰或享乐的现象，"业精于勤，荒于嬉"，休闲是为了更好地投入工作，所以休闲本身不是目的。中国历史上以儒家思想作为主导，儒家思想对于"修身、齐家、治国、平天下"，对于"仁、义、礼、智、信"，对于"德性""克己""内省"等积极入世观念的强调，对努力勤勉、重视集体/国家利益等观念的强调，使中国自古形成了倾向于努力工作的价值观。即使到了现代社会，对休闲的淡化使休闲的价值未得到足够重视和宣扬，在这种价值观引导下，休闲在现代社会更加被作为一种劳动的补充、劳动之余的休息。

虽然不乏学者宣扬休闲本身的价值，例如诗人陶渊明归隐后撰写了大量田园诗句，这些诗句反映了诗人对淳朴的休闲生活的热爱和对休闲世界的向往，但是，对于休闲的向往在古代社会和现代社会都未成为社会之主流；另外，陶渊明的休闲思想被理解为一种"出世"的态度，中间似乎隐含着对现世的无奈，朱光潜在《诗论》中评价，"渊明在情感生活上经过极端底苦闷，达到极端底和谐肃穆"。因此，相对于工作价值观，现代中国社会的休闲价值观仍然是被压抑和淡化的。

四　工作生活平衡关系的社会价值观

工作生活平衡的价值观发展体现了一种否定之否定的螺旋上升规律，而支持其发展的内在动因则主要体现为工作与生活/休闲的矛盾与和谐，也就是二者的对张、冲突和平衡关系。在二者从冲突达到平衡的过程中，工作与生活关系的现实意义得以彰显。

（一）工作与生活的对张性与冲突性

工作和生活的对张关系定义了彼此，没有工作，也无所谓生活和休闲的意义，没有工作的紧张和辛苦，生活和休闲也无法发挥应有价值。工作和生活的对张性有两个方向，工作溢出于生活或生活溢出于工作，这同时意味着工作和生活之间有一个合理界限，超过界限就导致了工作和生活的冲突。

亚里士多德对于工作和休闲/生活关系的论述基于二者的对张性，即工作和休闲/生活之间的区别和张力。他的主要观点在于，由于工作的需要，休闲需要适度，在《政治学》中，亚里士多德又提到"游嬉，在人生中的作用实际上都同勤劳相关联。人们从事工作，在紧张而又辛苦以后，就需要（弛懈）憩息；游嬉恰正使勤劳的人们获得了憩息，所以在城邦中，游嬉和娱乐应规定在适当的季节和时间举行，作为药剂，用以消除大家的疲劳"（张斌，2013）。亚里士多德倡导闲暇的美德和从闲暇中体会人生的真谛，同时也指出，闲暇越多，也就越需要智慧、节制和正义，在闲暇的享受上又应当节制和警醒。在西方基督教理论中，休闲也被认为需要人们进行合理的安排，基督教义对休闲提出一些规范的要求，一方面，通过休闲与生活，劳动者应获得应有的放松；另一方面，休闲不能够超过控制的界限，否则会对工作状态产生影响。韦伯在《新教伦理与资本主义精神》中也提到，基督教的资本主义精神倡导人们辛勤劳动，不断追求财富，但在财富使用上要有节制，在休闲上要有克制。

对工作和生活对张性的理解的发展是帕克（Parker）和斯坦斯（Staines）。帕克（1971）将工作对生活的影响区分为三种类型，即延伸、中立和对立，认为对于工作自主性低，并且职业满意度主要源于收入而非工作本身的工作（一般工薪族）来说，工作和生活是中立的，个体需要相对较长的身心放松时间，这就是延伸或溢出效应；对于具有强制性，甚至个体有憎恨心理的工作来说，工作与休闲呈现对立关系，比如煤矿工人、建筑工人等重体力劳动者，因而用于身心复原和补偿的休闲时间加长，这就是对立效应；对于工作专注性、自主性和职业满意度较高的工作，比如商业、医疗、教育等行业，工作的满意感会延伸到生活之中，因而个体对休闲时间的需求较短，这就是中立效应。斯坦斯（1980）认为工作与生活的对张关系表现为两种类型，一种是溢出，即工作经验会传导至生活，因此工作和生活容易表现出相似的模式，个体在工作和生活中呈现相似的活动类型，工作状况处理良好的个体，往往对生活状况处理得也较好，反之亦是如此。溢出理论的基础在于工作和生活是融合的，由于个人性格、技能和能力具有延伸性，并且在工作和生活两个领域中存在相互的文化压力（如个体承受工作领域和生活领域处于同一层次的文化压力），个体的表现会呈现一致性。另一种是补偿，即负相关关系，如果个体需求在工作中难以实现，那么个体会在生活和家庭中寻求补偿。这种对张性的观点概括而言，一种认为工作和生活的对张性表现为工作和生活的一致，一个领域的生活质量得到提高，能够带来另一个领域的个人表现的改善；另一种观点则强调个体在一个领域的生活质量较差，会在相对的另一个领域寻求补偿，也就是工作和生活两个领域具有区别性。

马克思的社会时间理论集中讨论了劳动和休息的冲突性，通过社会时间的概念，工作和生活的冲突得到了清楚的逻辑表达。马克思认为，时间是劳动实践的重要尺度和度量，时间和劳动实践是紧密结合和相互作用的。人的生命活动区分为劳动时间和自由时间两个部分，劳动中由棉花转换为纱布，由纱布转换为衣服的过程反映了劳动时间，而人类解决生存需求的必要劳动时间之外的时间称为自由时间。自由时间包含积极自由时间和消极自由时间，其中积极自由时间指从事科学、艺术等高级活动的时间，消极自由时间指闲暇时间。随着生产力的不断提高和发展，人类的必要劳动时间不断缩短，自由时间不断创造和增加，因此对自由时间的占有、利用程度越来越成为衡量人的生活质量的新的尺度（陈小鸿，2004）。

但是，由于资本主义制度的弊端，个体层面保证劳动时间和保证自由时间的两种力量对张的结果必然造成工作和生活的冲突。资本主义对剩余劳动时间的侵占，使工人从自由时间中划分出一部分作为剩余劳动时间，共同成为资本主义下的劳动时间。马克思将时间与感性紧密联系，否定了超越感性主体的时间观，认为时间是人的生命的尺度和人发展的空间，"财富的尺度决不再是劳动时间，而是可以自由支配的时间"，并且，人只有超出作为劳动生产者的"自然存在"和"社会存在"的限制，才能够享受自由时间，否则则是"消极的自由时间"。因此，工作-生活冲突首先表现在，在资本主义生产关系下，人的劳动时间和自由时间始终是一对矛盾，资本家对剩余价值的剥夺也体现在对闲暇时间的剥夺上。资本主义生产不断挤占休闲时间，增加劳动时间。工人维持必要生活的目的使其不断丧失生活权利和休闲权利，工人与资产阶级的斗争中就包含劳动时间的缩短和闲暇时间的增多，只有在共产主义下，劳动成为自由，才能够打破工作和生活矛盾对立的状况。因此，从政治哲学的角度来看，资本主义的发展史是休闲时间和休息权的争夺史（张斌，2013），劳动和生活的对张性与冲突性在社会时间的争夺中得到体现。

（二）工作与生活的平衡性

马克思在阐释劳动和休息的冲突性的同时，也借由社会时间的概念表达了工作和休闲达到平衡状态的可能性。资本主义生产关系的对抗性，致使在生产力发展过程中，本应属于个体的自由时间增长因受到资本主义的剥夺变得不再可能。因此，虽然生产力不断提高，但人们受剥削的程度在加深，因此工作和生活之间的矛盾无法得到缓解。马克思批判资本主义对自由时间的剥夺，在资本主义生产关系下，剩余劳动时间和自由时间存在矛盾，劳动时间中必然存在对闲暇时间的剥夺。这种对立延伸至工作和休闲的关系当中，无论是缩短劳动时间、延长闲暇时间，还是追求更高层次的自由生活状态，都需要工人阶级与资本主义生产关系的斗争。

马克思将自由时间作为人类生活质量的标志，唯有解放自由时间特别是休闲时间，人才能够获得解放和全面发展，这时工作和休闲才可以说从根本上有平衡的可能。在共产主义社会，在满足生存需求后，人们可以支配自由时间（陈小鸿，2004）。可以看到，首先，马克思认为工作与休闲的冲突本质是两种力量的对张，而这种对张状态的质变从根本上依赖社会制度（资本主义制度）的脱胎换骨，即生产力的巨大发展实现人们的精神自由和物质自由状态。其次，在人类社会发展的过程中，这种工作与休闲的冲突事实上可以通过减轻这两种力量的对张来得到缓释。第一点提出了人类在工作和休闲上的美好愿景，从长远角度给出了乐观的目标归宿；而第二点则具有非常强的实践价值，认为只要适当调整劳动关系和生产方式的短期模式，就能把对张效应由剧烈转向温和。

19世纪末期，法拉格则构建起一个"懒惰权"的概念，这个概念通过权利获取论证劳动和生活平衡的可能性。法拉格认为，应当摒弃"劳动道德"，因为"劳动道德"是休闲的障碍之源。"懒惰权"概念旨在"批判旧世界"和"构建新世界"，他所指的"旧世界"就是"劳动道德"，也被他称为"劳动信条""资产阶级道德""雇佣劳动制"等，而"新世界"便是"懒惰国"，一个每天只工作3小时，"人的激情将获得完全自由的发展"的国度。要想实现人人休闲，最终建立一个"懒惰国"，就应当打破劳动对生活的束缚，创造出一种以游戏为基础的新的生活方式，这种生活更像是一种嬉戏性的玩乐、共栖，甚至是艺术，只有肉体和精神不再被弄得疲惫不堪，人们才能开始具有懒惰的美德，才能够实现工作和生活的平衡（伍先福、陈攀，2012）。

工作生活平衡的另外一个障碍在于，个体化和现代性降低了人们的生活体验。帕特南（2011）使用个体化的概念来解释个体社区生活的缺失，也在一定意义上阐释了人们漠视生活的原因。他指出美国人不再愿意把闲暇时间用在与邻居一起喝咖啡、聊天、一起走进俱乐部去从事集体活动，而是宁愿一个人在家看电视，或者独自去打保龄球，这种现象可以定义为一种休闲个体化，其背后的原因为社会资本的流逝和个体化造成的公民参与的衰落，以及美国社区的衰落。休闲个体化带来的发展趋势则是个体对社会关系的漠视，这也印证了现代性下个体的孤独体验。

后现代主义者波德里亚认为，现代性影响了人们的休闲体验，即使赋予人们休闲的完整权利，休闲也难以脱离消费化享受的藩篱。由于现代性影响带来的表征与现实关系倒置消融了现实，工业发展带来了物的包围，使日常生活日益沦为消费社会，因而休闲和艺术深刻的世界观基础被打破，成为一种流行符号，休闲成为消费社会的附庸。因此，休闲的解放以及工作和生活达到平衡需要打破现代性。他认为消费逻辑与人的生活存在根本对立，并使用了消费－艺术这样一对隐喻来论证这种对立性，只有打破这种消费逻辑才能够实现工作和生活的平衡。

> 消费逻辑取消了艺术表现的传统崇高地位，物品的本质或意义不再具有对形象的优先权了。它们两者再也不是互相忠实的了：它们的广延性共同存在于同一个逻辑空间中，在那里它们同样都是（在它们既相互区别又相互转化相互补充的关系中）作为符号"发挥作用"。流行以前的一切艺术都是建立在某种"深刻"世界观基础上的，而流行，则希望自己与符号的这种内在秩序同质，与它们的工业性和系列性生产同质，因而与周围一切人造事物的特点同质，与广延上的完备性同质，同时与这一新的事物秩序的文化修养抽象作用同质。（波德里亚，2001）

五　本章小结

工作生活平衡价值观较为集中地体现在工作与休闲思想上，本章首先界定了生活的休闲性，其次梳理了工作和休闲的价值观念。总体而言，古代西方人对休闲持积极的态度，认为休闲是高贵的美德，对休闲表现出一种崇尚。在休闲思想产生时期，西方文化中强调审美、德行、礼仪、心理等诸多方面，并包括精神境界和灵魂感受，但是休闲自产生起就具有划分社会阶层地位的功能，休闲活动曾是男性贵族阶级的特权，这种规定极为严格，以至于社会上层排斥体力劳动，而社会下层则被限制于某些休闲领域之外。随着工业化和现代化的发展，西方社会的劳动禁忌被打破，工作的价值被充分肯定，但是休闲崇尚的价值观仍然有所发展，表现在西方现代社会中休闲仍然是社会阶层划分的一个标志。中国人则对于休闲一直持有一种谨慎的态度，尽管儒家和道家学术思想中有一种对休闲的美好追求，但是劳动崇尚仍然是社会主流价值观。中国文化中的工作伦理强调努力与奉献，家庭伦理强调伦常与道德，而休闲文化虽然近年来被广泛提倡，但在工作伦理的笼罩之下，仍然被压抑和淡化。

　　在梳理休闲意涵以及工作和休闲的价值观的基础上，本章进一步探讨了人们对工作和生活的平衡关系的理解和价值观，发现二者的关系既有冲突、对张和此消彼长，也有融合平衡趋向，在对张状态下，由于两者力量此消彼长，既有休闲崇拜和劳动禁忌的状态，又有工作至上和对休闲抑制的状态，也有家庭伦理对工作伦理的妥协与适应。我们既能够看到工作和生活对张冲突的演变过程，也能够看到它们融合平衡的趋势条件。就二者的对张性和冲突性而言，一种观点认为工作和生活此消彼长，因此应当节制和警醒对闲暇的享受，但是在马克思那里，工作和休闲的冲突主要源于资本主义制度的弊端。还有一种观点认为工作和生活的对张性表现在工作和生活的关系具有一致性或区别性，也就是一个领域的特征会向另外一个领域溢出，或者在一个领域存在不足时，会向另一个领域寻求补偿。就二者平衡的条件而言，在马克思那里是打破资本主义生产方式，实现共产主义；在后现代主义者那里，工作和生活的平衡是打破现代性的藩篱；在普特南那里，实现对生活和社区的重视则是从人的个体化进入社区化。从整个工作生活平衡价值观的演变史可以看到，工作和生活在可变和冲突常态下，具有融合平衡的可能性和趋向。

第四章 职业分割与地区分割：劳动者工作状况和生活状况的差异

一 问题的提出

工作生活平衡研究将劳动者的工作与家庭、休闲、社交、生活等各个层面联系，能够更加全面地促进员工的身心健康和全面发展，为传统劳动关系研究提供一种更加人本的视角。从定义来看，我们对工作生活平衡的界定倾向于广义概念，认为工作生活平衡指个体能够在工作和工作之外的生活领域达到满意状态，其中生活领域包含家庭、社会关系、健康、休闲以及其他生活方面。对工作生活平衡的界定有一个基于角色期待的限定，也就是说，工作生活平衡应当包含对劳动者工作角色和生活角色承担的期待和满足，否则它的概念会与工作满意度和生活满意度重合。在测量指标的选取上，我们认为综合指标能够更加全面地评价劳动者的工作生活平衡状况，因此采用了主观指标和客观指标相结合的综合指标进行测量。

劳动者的工作生活平衡状况体现在其具体的工作状况和生活状况上，本章对劳动者的工作状况和生活状况进行分析，并进一步分析劳动力市场分割对他们的影响。不同职业的工作环境、工作状况、行业文化可能具有各自的特点，不同地区的经济、社会、文化、结构也会作为整体社会环境对劳动者的工作和生活产生很大影响。地区分割反映着经济、社会、文化环境的整体差异，一定程度上也反映了社会发展程度的差异，东部地区相比于西部地区显然拥有较好的经济发展基础，从劳动力的工作条件、人文环境、情感支持等综合方面也可能具有优势。地区之间存在由制度差异、政府管理差异造成的投资环境和其他不平等（吴一平、芮萌，2013；金祥荣、茹玉骢、吴宏，2008），并且，地区之间也存在可能造成文化冲突和地方保护主义的文化差异（高翔、龙小宁，2016）。中国的经济水平和经济增长始终存在地区差异，只有在特定条件下，西部才可能实现对东部经济增长的趋同（蔡昉、都阳，2000）。中山大学调查组对珠三角地区和长三角地区劳工的生活感受、工作感受、心理感受进行了综合评价，发现珠三角地区劳工在工作、生活和心理感受等多个方面与长三角地区劳工有一定差距，研究者解释为这是由人力资本和地区制度的差异造成的（万向东、刘林平，2007）。从职业分割的影响来看，脑力劳动者相对于体力劳动者拥有较高的职业声望、收入水平、受教育程度以及较好的工作环境，因而从客观条件来讲具有优势，也有研究指出职业分割与个体生活的关联，比如它对休闲生活方式的影响表现在，脑力劳动者在网络、茶酒、健身和阅读等基本休闲方面的参与度高于体力劳动者（李路路、秦广强、陈建伟，2012）。但是，以上研究都没有完整地呈现职业分割和地区分割对与工作生活平衡相关的工作状况和生活状况的影响。

职业分割和地区分割的产生源于复杂的市场结构、权力结构和制度结构的集合，不同职业或地区间存在差距和不平等，改变这种不平等又存在某些障碍和壁垒。对职业分割和地区分割影响的分析隐含着对不同劳动者获得工作生活平衡能力的判断，这背后又是对公平和平等的社会正义的判断。借鉴劳动力市场分割理论和已有研究，本章分析劳动者工作状况和生活状况的职业差异和地区差异，提出两个研究假设：职业分割下脑力劳动者的工作状况和生活状况优于体力劳动者；地区分割下东部地区劳动者的工作状况和生活状况优于中西部地区。

二　数据、变量及方法

"中国社会态度与社会发展状况调查"以心理学广泛采用的感知指标为主测量劳动者工作－生活的平衡感受，特别关注个体的心理和认知感受及相应的行为，工作生活平衡被认为是个体工作生活和谐、身心健康发展的状态。对工作和生活方面主观评价较高的劳动者具有较好的工作生活平衡感，这些指标与传统的劳动关系研究中关注劳动者权益、劳动冲突方面的指标不同，与管理学研究中关注工作－生活冲突、请假制度、工作生活平衡计划方面的指标有所不同。从劳动者的主观感受出发，能够避免以上两种指标对某些劳动者难以测度的困境。例如，由于脑力劳动者的工作特点——在他们当中广泛地实行弹性工作制，工作量难以用工作时间衡量，因而工作生活平衡状态往往难以评定。但通过主观认知指标，能够较好地呈现知识劳动者的工作生活平衡状况。同时，该调查也测量了劳动者的工作时间、工作安排等客观指标。

（一）工作生活平衡的测量

将劳动者在工作和生活领域达到一种满意和舒适状态作为认定劳动者工作生活平衡的标准。数据的具体处理方法是，对于有工作的劳动者样本，检查其工作维度和生活维度中各题项的填答情况，仅保留两个维度相关题项填答较为完整的样本。工作维度和生活维度缺失的题项超过总题项数目的20%时，视为缺失值过多，对数据进行剔除。对保留的样本，缺失值使用该题项的均值替代。

具体而言，工作维度包括：工作总体满意度，工作场所满意度，工作压力感，加班认知，工作自主性，工作投入与回报的适应程度；生活维度包括：生活总体满意度，家庭关系满意度，健康状况满意度，人际关系满意度，生活压力满意度（见表4-1）。对工作维度和生活维度各题项进行加权平均，形成连续变量工作生活平衡指数（2.52±0.44），并生成二分变量工作生活平衡程度（高/低）（低平衡程度＝58%）。

对数据进行处理后，剩余样本数量为2828个，其中脑力劳动者（属于表4-4职业分类的第1~3类）样本数量为1051个，占37%，体力劳动者（属于表4-4职业分类的第4~7类，包含服务业劳动者）样本数量为1777个，占63%。女性样本数量为1400个，占总样本的50%。样本平均年龄为36岁（SD＝9.9）。

表4-1　工作生活平衡各题项的均值和标准差

维度	题项	均值	标准差
工作维度	我对现阶段的工作感到满意	2.59	1.14
	我对我的工作场所感到满意	2.48	0.95
	我可以按照自己的时间灵活安排工作任务	2.89	1.15
	我时常因为工作压力大而感到很累	2.72	1.00
	我经常加班工作	2.92	1.05
	我的工资和报酬与我的付出和能力相适应	2.58	1.02
生活维度	生活总体满意度	2.41	0.77
	健康状况满意度	2.21	0.88
	生活压力满意度	2.86	0.93
	家庭关系满意度	1.94	0.84
	人际关系满意度	2.17	0.80

在对劳动者工作生活平衡职业分割和地区分割的分析中，以人力资源和社会保障部的职业分类为标准对职业进行分类，将劳动者分为脑力劳动者和体力劳动者。第一类劳动者的职业包含人力资源和社会保障部职业分类表的第1~3类，主要以脑力劳动获取劳动收入，称为脑力劳动者。第二类包含职业分类表的第4~7类，主要以提供服务或体力劳动获取劳动收入，称为体力劳动者。

将地区分为东部、中部、东北部、西部四个区域，考虑地区分割（西部、中部、东北部、东部）和职业分割（脑力劳动者、体力劳动者）对工作维度和生活维度的影响，进一步分析收入、受教育程度、年龄、性别等人口学变量对工作维度和生活维度的影响。工作维度和生活维度各题项得分进行平均取得均值，社会环境因素和人口学变量做了一些操作化处理（见表4－2），采用描述性统计、t 检验和卡方检验等推断统计方法分析数据。

表4－2　变量说明（$N = 2828$）

	变量名称	变量类型	变量说明
工作维度	工作总体满意度 工作场所满意度 工作自主性 工作压力感 加班认知 工作投入与回报的适应程度	连续变量	各变量取均值
生活维度	生活总体满意度 健康状况满意度 生活压力满意度 家庭关系满意度 人际关系满意度	连续变量	各变量取均值
社会环境因素	职业类型	二分变量 根据问题编码所得	脑力劳动者 = 1 体力劳动者 = 0（63%）
	地区	多分类变量 根据问题编码所得	西部 = 1（31%） 中部 = 2（21%） 东北部 = 3（8%） 东部 = 4（40%）
人口学变量	性别	二分变量 问题直接所得	男性 = 1 女性 = 0（50%）
	最高受教育程度	二分变量 问题计算所得	大学及以上 = 1 大学以下 = 0（47%）
	家庭月收入	连续变量 问题直接所得	8530 ± 5212.7 元

	变量名称	变量类型	变量说明
	家庭月收入的对数	连续变量 根据收入计算所得	8.90±0.54
人口学变量	年龄	连续变量 问题计算所得	16～60 岁 35.9±29.71 岁
	年龄段	多分类变量 根据年龄计算所得	16～30 岁=1（38%） 31～45 岁=2（43%） 46～60 岁=3（20%）

（二）职业分割和地区分割的界定

1. 职业分割

劳动者的职业类型一般有非体力劳动者和体力劳动者的划分，体力劳动者主要指产业工人，也包含服务业中以服务性体力劳动获取收入的劳动者。非体力劳动者可以划分为脑力劳动者和以服务业为主的劳动者。脑力劳动者的定义和知识劳动者相近，知识劳动者是指直接操纵符号来生产一个原创的知识产品，或给现有的产品增加明显的价值，包括诸如作家、艺术家、网页设计人员、软件开发人员等，更广泛的定义包含加工和传播这些信息的人，比如图书馆员，最宽泛的一个定义是参与到知识产品生产和分配链条中的所有劳工，包括装配电脑线路和组件的劳工、负责销售通信技术产品的劳工和服务呼叫中心的劳工（莫斯可、麦克切尔，2014）。此外，对于劳动者职业还有蓝领劳动者与白领劳动者的划分，蓝领劳动者指以体力为主获得劳动收入的劳动者，包括熟练和非熟练工人；白领劳动者指经常在办公室环境下工作的人，一般包含坐在办公桌前、电脑、脑力劳动等要素。服务业的劳动者（service worker）被称为"粉领"，工作内容一般包含和顾客互动、销售等要素。白领的工资一般以按月薪酬、项目酬劳等方式计算，蓝领工人和粉领工人的工资较易转化为小时工资（Wikipedia，2019）。

　　这两种职业分割的划分方式具有相近性，体力劳动者和蓝领劳动者概念相近，二者的共同特点在于都指向一个以体力劳动和服务为主的劳动者群体。从已有研究来看，李路路、朱斌（2015）采用了体力劳动者和非体力劳动者的划分方式，认为两种类型的职业分割一方面在于形式和工作环境不同，另一方面在于雇员在组织中的地位有较大差异，包括报酬、职业生涯、组织责任的差异。也有研究者将劳动者划分为管理精英、专业技术精英和非精英，还有根据研究需求对职业阶层进行的划分（见表4-3）。

表4-3　已有研究的职业阶层划分

文献	研究内容和划分依据	划分内容	群体名称
李路路、朱斌（2015）	代际流动 根据生产资料、组织权威、专业技能划分阶层	1. 首先分为雇佣者、受雇佣者和自雇佣者。2. 进一步将受雇佣者划分为体力劳动者和非体力劳动者。3. 进一步将非体力劳动者区分为管理者、专业技术和一般非体力劳动阶层（如护士、办事人员），将体力劳动者区分为农民阶层与工人阶层（包含制造业工人和商业服务人员）	高级非体力劳动阶层、低级非体力劳动阶层、体力劳动阶层
高勇（2009）	社会流动 依据EGP（雇佣关系、权威、技能和部门）	党政机关、群众团体和企事业单位的领导干部为管理精英；专业技术人员和教师为技术精英；工人、服务人员、销售人员、办事人员、经济业务人员以及农业从业者为一般劳动者	管理精英、专业技术精英、非精英
刘精明、李路路（2005）	以职业反映阶层化 根据权力和工作自主性差异划分职业阶层	划分为管理者阶层、专业技术人员阶层、办事人员阶层、体力劳动者阶层和自雇佣者阶层、无业人士6类	管理者阶层、专业技术人员阶层、办事人员阶层为白领阶层
许欣欣（2005）	社会、市场和价值观 依据对职业价值的主观评价	职业声望得分80分以上为上等声望职业，65~80分为中等声望职业，65分以下为低等声望职业	蓝领、白领、农民

文献	研究内容和划分依据	划分内容	群体名称
陆学艺（2002）	十大阶层 组织资源、经济资源、文化资源	国家与社会管理者阶层、经理人员阶层、私营企业主阶层、专业技术人员阶层为社会上层	社会上层、中上层、中层、中下层、下层

从已有职业类型的划分和职业分割来看，脑力劳动者和知识劳动者一般被看作社会地位较高、职业声望较高的群体，或者是社会精英阶层和社会中上层，这与本研究关注职业分割对工作生活平衡影响的研究出发点具有一致性，因此本研究在操作化中将职业划分为体力劳动者和脑力劳动者两个群体，并将提供一般商业服务的劳动者划入体力劳动者群体。对于职业分类的具体处理如下。

首先，对被访者中的军人、无工作人员、农民、学生、离退休人员样本进行剔除。该调查对有无工作的界定为：工作是指为其自身和家庭的收入或收益而劳动，例如，一般的家务劳动不算工作，因为没有收入或报酬；但保姆从事家庭劳动被视为工作，因为保姆从中获得收入。调查时点的上一周为取得收入而劳动1个小时以上，即可算作有工作者。如果被访者是个体户、临时摆摊等，则属于有非农工作，访问员会进一步追问被访者具体的、详尽的工作内容。对于兼有数份工作的被访者来说，访问员将记录其最主要的工作内容。无工作的认定主要有以下4种情况：离退休，是指身份为离休干部，或者已经正式办理了退休手续退出了工作岗位的情况；在校学生，是指目前在全日制学校学习的学生；失业下岗，是指目前没有工作，但是想工作、能工作，并且正在积极寻找工作的情况；在家持家，是指在家从事家务劳动，但没有为此取得收入或报酬的情况。

其次，以人力资源社会保障部的职业分类为标准对职业进行分类。该标准将职业分为七大类，其中第1~3类，包括国家机关、党群组织、企事业单位负责人，专业技术人员，办事人员和有关人员，主要以知识劳动获取劳动收入，第4~7类以服务劳动或体力劳动为主获取劳动收入，据此，本研究将被访者的职业类型分为两种类别：Ⅰ类和Ⅱ类。其中Ⅰ类职业主要为职业分类表的第1~3类，主要以脑力劳动获取劳动收入，称为脑力劳动者群体；Ⅱ为职业为职业分类表的第4~7类，主要以提供服务或体力劳动获取劳动收入，称为体力劳动者群体（见表4-4）。

在职业分类过程中，大多数职业能够明确地归为以上两类，也存在少量难以界定的情况，如个体经营的老板，在无法确定个体的经营规模时，这部分群体被划归为商业、服务业人员，归类为以服务获取收入的Ⅱ类职业群体。这样归类的偏误较小，一方面因为这种情况的数量较少，另一方面从研究结果中也可以发现偏误较小。

表4-4 职业分类

	大分类	中分类
Ⅰ类职业（以脑力劳动或知识劳动为主获取劳动收入）	1. 国家机关、党群组织、企事业单位负责人	
	2. 专业技术人员	科学研究人员、工程技术人员、飞机和船舶技术人员、卫生专业技术人员、经济业务人员、金融业务人员、法律专业人员、教学人员、文学艺术人员、体育工作人员、新闻出版/文化工作人员、宗教职业者
	3. 办事人员和有关人员	行政办公人员、安全保卫和消防人员、邮政电信和业务人员
Ⅱ类职业（以提供服务或体力劳动为主获取劳动收入）	4. 商业、服务业人员	购销人员、仓储人员、餐饮服务人员、饭店/旅游/健身服务场所服务人员、运输服务人员、医疗卫生辅助服务人员、社会服务和居民生活服务人员、其他商业服务业人员
	5. 农、林、牧、渔、水利业生产人员	畜牧业生产人员、渔业生产人员、水利设施养护人员、其他农/林/牧/渔/水利业生产人员

续表

	大分类	中分类
Ⅱ类职业（以提供服务或体力劳动为主获取劳动收入）	6. 生产、运输设备操作人员及有关人员	勘探及矿物开采人员、金属冶炼/轧制人员、化工产品生产人员、机械制造加工人员、机电产品装配人员、机械设备修理人员、电力设备安装/运行/检修/供电人员、电子元器件与设备制造/装配调试/维修人员、橡胶和塑料制品生产人员、纺织/针织/印染人员、裁剪缝纫和皮革/毛皮制品加工制作人员、粮油/食品/饮料生产加工及饲料生产加工人员、烟草及其制品加工人员、药品生产人员、木材加工/人造板生产及木材制品制作人员、建筑材料生产加工人员、玻璃/陶瓷/搪瓷及其制品生产加工人员、广播影视广告制品制作/播放及文物保护作业人员、印刷人员、工艺品/美术品制作人员、文化教育/体育用品制作人员、工程施工人员、运输设备操作人员及有关人员、环境监测及废物处理人员、检验/计量人员、其他生产/运输设备操作人员及有关人员
	7. 军人	—
	8. 不便分类的其他人员	学龄前儿童、学生、离退休人员

2. 地区分割

地区划分主要根据中共中央、国务院《关于促进中部地区崛起的若干意见》、国务院西部开发办《关于西部大开发若干政策措施的实施意见》以及国家统计局 2011 年 6 月 13 日发布的经济行政区域新的划分办法，将我国的经济区域划分为东部、中部、西部和东北部四大地区。其中，东部地区包括北京、天津、河北、上海、江苏、浙江、福建、山东、广东和海南等，中部地区包括山西、安徽、江西、河南、湖北和湖南等，西部地区包括内蒙古、广西、重庆、四川、贵州、云南、西藏、陕西、甘肃、青海、宁

夏和新疆等，东北部地区包括辽宁、吉林和黑龙江等。据此对 24
个被调查的省区市进行区域划分，分属东部、西部、中部和东北
部四个区域。

（三）样本的基本情况

经过以上划分，调查数据中有工作的样本数量为 4466 个，其
中脑力劳动者（属于表 4 – 4 职业分类的第 1 ~ 3 类）样本数量为
1148 个，占 26%，体力劳动者（属于表 4 – 4 职业分类的第 4 ~ 7
类，包含服务业劳动者）样本数量为 3318 个，占 74%。东部地
区、中部地区、东北部地区、西部地区样本数量分别为 1680 个、
1120 个、473 个和 1193 个。其中，女性的样本数量为 2100 个，占
总体的 47%，样本平均年龄为 35.8 岁（$SD = 9.6$），43% 的劳动者
具有大专及以上学历（见表 4 – 5）。

表 4 – 5　城镇劳动者分职业分地区基本情况（$N = 4466$）

单位：%，人

	性别		年龄			受教育程度		总体
	女性	男性	16 ~ 30 岁	31 ~ 45 岁	46 ~ 60 岁	高中及以下	大专及以上	
脑力劳动者	55	45	36	44	20	25	75	1148
体力劳动者	44	56	41	43	16	68	32	3318
	性别		年龄			受教育程度		总体
	女性	男性	16 ~ 30 岁	31 ~ 45 岁	46 ~ 60 岁	高中及以下	大专及以上	
东部	47	53	39	45	16	58	42	1680
中部	46	54	36	41	23	62	38	1120
东北部	47	53	37	40	23	69	31	473
西部	48	52	38	45	17	49	51	1193

三 研究结果

(一) 劳动者个体因素的职业与地区差异

1. 性别差异

体力劳动者和脑力劳动者的职业类型划分使两个群体存在性别分布差异，体力劳动者中女性占的比例为 46.25%，低于男性 7.50 个百分点；脑力劳动者中女性占的比例为 54.94%，高于男性 9.88 个百分点。卡方检验显示差异具有显著性，可见在脑力劳动者群体中女性劳动者所占的比例高于男性（见表 4 – 6）。

表 4 – 6　体力劳动者和脑力劳动者的性别差异及卡方检验

单位：人，%

| | | 性别 | | 总数 |
		女性	男性	
体力劳动者	人数	820	953	1773
	占比	46.25	53.75	100
脑力劳动者	人数	578	474	1052
	占比	54.94	45.06	100
总数	人数	1398	1427	2825
	占比	49.49	50.51	100

注：Pearson chi^2 （1） = 19.9626，$p = 0.000$。

对不同区域的性别分布，卡方检验并无显著差异 [chi^2 （3） = 4.0802，$p = 0.253$]。性别在地域间的分布较为平均。

2. 受教育程度差异

从最高受教育程度来看，体力劳动者和脑力劳动者存在差异，体力劳动者中获得大学及以上学历的比例相对较低，占总体的 39.27%，而脑力劳动者中这个数字达到了 76.26%。卡方检验显示存在差异，脑力劳动者具有大学及以上学历的比例显著地高于体力劳动者（见表 4 – 7）。

表4-7　体力劳动者和脑力劳动者的最高受教育程度差异及卡方检验

单位：人，%

		最高受教育程度		总数
		大学以下	大学及以上	
体力劳动者	人数	1075	695	1770
	占比	60.73	39.27	100
脑力劳动者	人数	249	800	1049
	占比	23.74	76.26	100
总数	人数	1324	1495	2819
	占比	46.97	53.03	100

注：Pearson chi^2（1）= 362.00，p = 0.000。

东部地区的劳动者拥有大学及以上学历的比例为58.93%，而西部地区这个数字为49.31%，中部地区和东北部地区这个数字约为49%。卡方检验显示差异具有显著性，东部地区的劳动者拥有大学及以上学历的比例显著高于其他地区（见表4-8）。

表4-8　各地区劳动者的最高受教育程度差异及卡方检验

单位：人，%

		最高受教育程度		总数
		大学以下	大学及以上	
西部地区	人数	442	430	872
	占比	50.69	49.31	100.00
中部地区	人数	308	295	603
	占比	51.08	48.92	100.00
东北部地区	人数	114	110	224
	占比	50.89	49.11	100.00
东部地区	人数	460	660	1120
	占比	41.07	58.93	100.00
总数	人数	1324	1495	2819
	占比	46.97	53.03	100.00

注：Pearson chi^2（3）= 25.9538，p = 0.000。

3. 家庭月收入差异

体力劳动者的家庭月收入约为 8494 元，而脑力劳动者的家庭月收入约为 9891 元，总体的家庭月收入约为 9003 元。进一步进行双样本 t 检验，结果显示体力劳动者的家庭月收入显著地低于脑力劳动者（$t = -3.3960$，$p = 0.003$）（见表 4-9）。

表 4-9　体力劳动者和脑力劳动者的家庭月收入差异及 t 检验

	样本数（人）	家庭月收入（元）	t 检验
体力劳动者	1554	8494.273	$t = -3.3960$,
脑力劳动者	892	9890.583	$p = 0.003$
总数	2446	9003.475	

方差分析显示，东部、东北部、中部、西部的劳动者家庭月收入存在显著差异（$F = 82.90$，$p = 0.0000$），东部地区的劳动者家庭月收入最高，其他地区差别不大。东北部地区由于样本量偏少，可能会存在一定偏差（见图 4-1）。

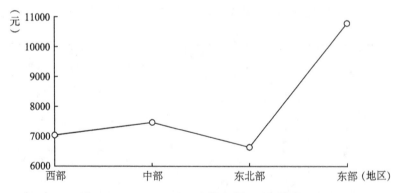

图 4-1　不同地区家庭月收入对比情况

4. 年龄差异

在各年龄段，体力劳动者的比例比脑力劳动者高，这与本研究将服务业以服务性体力劳动获取收入的劳动者归为体力劳动者有关。卡方检验显示体力劳动者比例在各年龄段均显著高于脑力劳动者（见表4-10）。从地区差异来看，东部地区31~45岁年龄段的劳动者比例较高，显著高于其他地区 [chi^2（6）= 26.2678，p = 0.000]。

表4-10 体力劳动者和脑力劳动者在各年龄段的分布差异及卡方检验

单位：人，%

		体力劳动者	脑力劳动者	总数
16~30岁	人数	622	434	1056
	占比	58.90	41.10	100
31~45岁	人数	756	443	1199
	占比	63.05	30.65	100
46~60岁	人数	387	171	558
	占比	69.35	30.65	100
总数	人数	1765	1048	2813
	占比	62.74	37.26	100

注：Pearson chi^2（1）= 17.1511，p = 0.000。

（二）劳动者工作状况的职业与地区差异

工作生活平衡的工作维度分为工作压力感、工作满意度、工作自主性、加班认知和工作投入与回报的适应程度等，以李克特量表进行衡量，五个选项分别为"完全赞同、比较赞同、一般、比较不赞同、完全不赞同"，另外，还提供了不知道/说不清的选项。分值越低，代表被访者越赞同该题项的陈述。去除各题项中选择不知道/说不清的样本后，对工作维度的各子维度进行分地区（西部、中部、东北部、东部）、分职业类型（脑力劳动者和体力劳动者）的描述性分析，并比较各分类之间的差异。

1. 工作满意度

工作满意度是反映劳动者工作方面状况的明确指标，工作满意度包含工作总体满意度和工作场所满意度，通过询问劳动者对满意的赞同程度来反映。

（1）工作总体满意度

劳动者工作总体满意度均值为 2.53，分值越低代表越满意。绝大部分劳动者对工作总体满意度表示完全赞同或比较赞同（65%），仅 14% 的劳动者表示完全不赞同或比较不赞同，其中脑力劳动者占 12%，体力劳动者占 14%，两个群体差异较小。

从图 4-2 可以看出，无论对于体力劳动者还是脑力劳动者，西部地区的劳动者在工作总体满意度方面比东部地区劳动者低，并且，从西部地区到东部地区，工作总体满意度均值整体上有下降趋势，说明东部地区劳动者更倾向于表达对工作总体的满意。

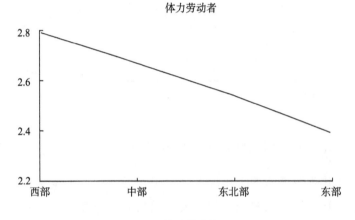

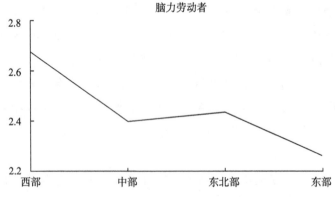

图 4-2 不同地区体力劳动者和脑力劳动者工作总体满意度均值

职业之间的差异表现在，除东北部地区的脑力劳动者和体力劳动者的工作总体满意度差异不具有显著性（$t = 0.8316$，$p = 0.2033$），其余地区和总体差异均显著，脑力劳动者的工作总体满意度高于体力劳动者（$t = 3.8073$，$p = 0.0000$）（见表 4 – 11）。

表 4 – 11　不同地区体力劳动者和脑力劳动者工作总体满意度差异的 t 检验

	体力劳动者（人）	脑力劳动者（人）	t 值 [均值（体力）– 均值（脑力）]	p
总样本	1761	1040	3.8073	0.0000 ***
西部地区	503	359	1.6290	0.0518 *
中部地区	407	192	3.3460	0.0004 ***
东北部地区	152	69	0.8316	0.2033
东部地区	699	420	2.3736	0.0089 ***

注：* $p < 0.1$，** $p < 0.05$，*** $p < 0.01$。

（2）工作场所满意度

工作场所满意度的均值为 2.48，得分越低代表越满意。66% 的劳动者表示非常满意和比较满意自己的工作场所，35% 的人感到一般。其中，约有一半的体力劳动者表示对工作场所感到满意，在脑力劳动者中这一数字略高，达到 58%。仅有 13% 的体力劳动者和 8% 的脑力劳动者在此项中选择完全不赞同或比较不赞同。

我们在工作场所满意度方面也发现了明显的地区差异，西部地区的劳动者的工作场所满意度均值高于东部地区，并且从西部地区到东部地区整体上呈下降趋势，说明东部地区劳动者的工作场所满意情况优于其他地区（见图 4 – 3）。

不同地区的体力劳动者的工作场所满意度均值比脑力劳动者高（$t = 4.6880$，$p = 0.0000$），其中，东北部地区的显著性检验表明体力劳动者和脑力劳动者的得分不具有显著性差异（$t = 0.9915$，$p = 0.1613$），其余地区的两个群体表现了显著性差异（见表 4 – 12）。

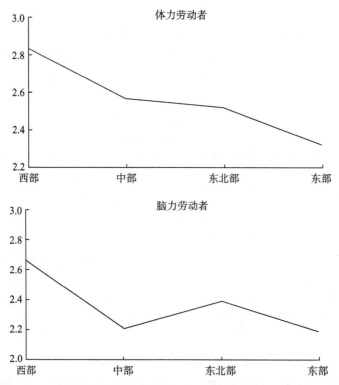

图 4 – 3　不同地区体力劳动者和脑力劳动者工作场所满意度均值

这表明，脑力劳动者对工作场所的情况更加满意。

表 4 – 12　不同地区体力劳动者和脑力劳动者工作场所满意度差异的 *t* 检验

	体力劳动者（人）	脑力劳动者（人）	*t* 值 [均值（体力） – 均值（脑力）]	*p*
总样本	1766	1048	4.6880	0.0000 ***
西部地区	508	365	2.4639	0.0070 ***
中部地区	408	194	4.7603	0.0000 ***
东北部地区	152	69	0.9915	0.1613
东部地区	698	420	2.4798	0.0066 ***

注：* $p < 0.1$，** $p < 0.05$，*** $p < 0.01$。

2. 工作自主性

工作自主性的均值为 2.89，得分越低代表工作自主性越高。51%的劳动者认为可以按照自己的时间灵活安排工作，31%不赞同自己能够灵活地安排工作，在脑力劳动者群体和体力劳动者群体中均为这个数字。

从地区差异来看，西部地区、中部地区、东北部地区和东部地区的工作自主性均值整体呈下降趋势，可以看出东部地区的劳动者工作自主性最高，对于体力劳动者来说，东北部地区比中部地区的工作自主性略低（见图 4-4）。

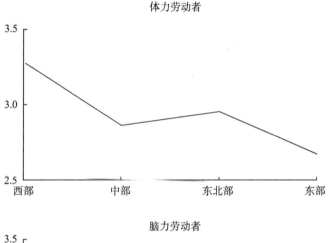

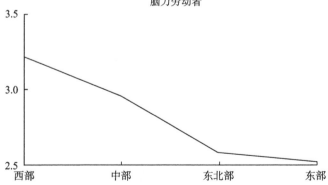

图 4-4　不同地区体力劳动者和脑力劳动者工作自主性的均值

体力劳动者和脑力劳动者在工作自主性方面的均值差距并不大，这种差距在 0.05 水平上不显著，在 0.1 水平上具有显著性（$t = 1.5717$，$p = 0.0581$）。东北部地区（$t = 2.3609$，$p = 0.0096$）、东部地区（$t = 2.3965$，$p = 0.0084$）的脑力劳动者的工作自主性均值略低于体力劳动者，说明这两个地区的脑力劳动者的工作自主性高于体力劳动者，而在西部地区（$t = 0.6884$，$p = 0.2457$）和中部地区（$t = -0.8713$，$p = 0.8080$），两个群体的差异不具有显著性（见表 4 - 13）。

表 4 - 13　不同地区体力劳动者和脑力劳动者工作自主性
差异的 t 检验

	体力劳动者 （人）	脑力劳动者 （人）	t 值 ［均值（体力）－ 均值（脑力）］	p
总样本	1758	1040	1.5717	0.0581 *
西部地区	508	362	0.6884	0.2457
中部地区	401	191	- 0.8713	0.8080
东北部地区	153	69	2.3609	0.0096 ***
东部地区	696	418	2.3965	0.0084 ***

注：* $p < 0.1$，** $p < 0.05$，*** $p < 0.01$。

3. 工作压力感

工作压力感题项的得分均值为 2.72，得分越低代表工作压力感越大。42% 的劳动者完全赞同或比较赞同个人压力很大，其中体力劳动者中有 43% 表示赞同自己工作压力很大，感到很累，18% 表示不赞同；脑力劳动者中有 40% 表示赞同，22% 表示不赞同。

工作压力感的地区差异表现在，从西部地区到东部地区，体力劳动者工作压力感的得分均值仍然呈现明显的下降趋势，说明东部地区的体力劳动者工作压力感较大（见图 4 - 5）。

体力劳动者

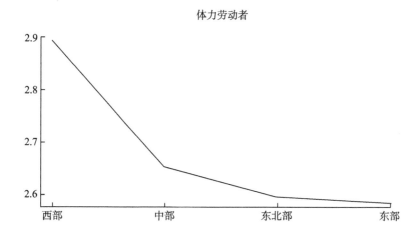

脑力劳动者

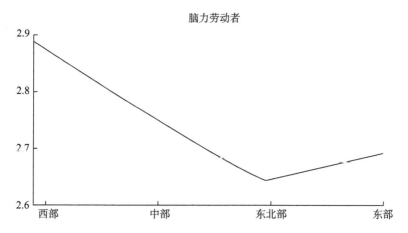

图 4-5 不同地区体力劳动者和脑力劳动者工作
压力感的均值

　　脑力劳动者和体力劳动者的工作压力感均值差距较小，但差异具有统计上的显著性（$t = 1.9709$，$p = 0.0244$），这种差异主要来自东部地区，东部地区的脑力劳动者对工作压力感更倾向于持赞同态度（$t = 1.7494$，$p = 0.0403$）。总体而言，脑力劳动者比体力劳动者在此项中得分均值更低，也就是说，在工作压力感上脑力劳动者略高于体力劳动者（见表 4-14）。

表 4 - 14　不同地区体力劳动者和脑力劳动者工作压力感差异的 t 检验

	体力劳动者 （人）	脑力劳动者 （人）	t 值 ［均值（体力）－ 均值（脑力）］	p
总样本	1751	1042	1.9709	0.0244**
西部地区	503	363	- 0.5423	0.1062
中部地区	405	193	1.1889	0.1175
东北部地区	148	67	0.3283	0.3715
东部地区	695	419	1.7494	0.0403***

注：* $p<0.1$，** $p<0.05$，*** $p<0.01$。

4. 加班认知

对经常加班的认同程度得分均值为 2.92，得分越高代表认为自己经常加班。34% 的劳动者完全赞同或比较赞同自己经常加班，其中，体力劳动者和脑力劳动者分别占总体的 35% 和 33%。持不赞同态度的比例为 28%，体力劳动者和脑力劳动者分别占总体的 27% 和 29%。

加班认知在地区之间的差异表现在，体力劳动者的得分均值在不同地区呈明显下降趋势，脑力劳动者的得分均值则并未呈现这样的趋势，体力劳动者的加班情况在不同地区的变化程度高于脑力劳动者。东部地区劳动者的加班认知得分均值略低于西部地区，也就是说，东部地区加班情况可能略好于西部地区，但这种趋势并不明显（见图 4 - 6）。

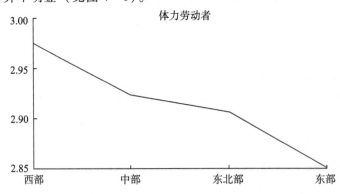

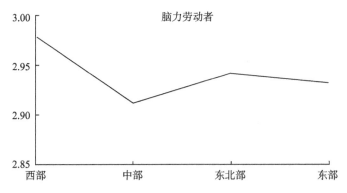

图 4 - 6　不同地区体力劳动者和脑力劳动者加班认知的均值

对各地区体力劳动者和脑力劳动者在该题上的平均分数进行 t 检验，结果表明，两群体在各地区均不存在显著性差异；整体上的差异检验也显示两群体不存在显著性差异，脑力劳动者并未表示加班较少（$t = 0.8755$，$p = 0.1907$）（见表 4 - 15）。

表 4 - 15　不同地区体力劳动者和脑力劳动者加班认知差异的 t 检验

	体力劳动者（人）	脑力劳动者（人）	t 值 [均值（体力）- 均值（脑力）]	p
总样本	1758	1043	0.8755	0.1907
西部地区	506	364	0.0248	0.4901
中部地区	406	194	- 0.1262	0.5502
东北部地区	151	69	0.2325	0.4082
东部地区	695	416	1.1852	0.1181

注：$^{*} p < 0.1$，$^{**} p < 0.05$，$^{***} p < 0.01$。

5. 工作投入与回报的适应程度

工作投入与回报的适应程度的得分均值为 2.59，得分越低代表劳动者认为工作投入与回报越适应。一半的劳动者对个人工作投入与回报相适应表示完全赞同或比较赞同（50%），20% 的劳动者表示比较不赞同或完全不赞同，其中体力劳动者约占 19%，高于脑力劳动者（约占 15%）。在这一题项当中，选择不赞同的劳动者比例相对较高。

从图 4–7 中可以看出，从西部地区、中部地区、东北部地区到东部地区，劳动者的工作投入与回报的适应程度依次升高。脑力劳动者、东部地区的劳动者更加赞同回报与其工作投入相适应，这可能与地区相关的工业化程度、经济发达程度、制度完善程度、文化发展环境等多方面因素有关。

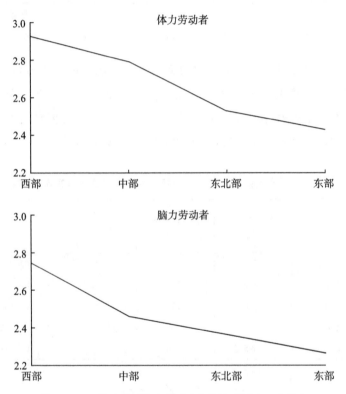

**图 4–7　不同地区的体力劳动者和脑力劳动者工作投入
与回报的适应程度的均值**

不同地区的脑力劳动者的工作投入与回报的适应程度高于相应的体力劳动者。从差异显著性检验结果来看，东北部地区两个群体的差异不具有显著性（$t = 1.1715$，$p = 0.1213$），其余地区均表现出显著性差异（见表4-16）。

**表4-16 不同地区体力劳动者和脑力劳动者工作投入
与回报的适应程度差异的 t 检验**

	体力劳动者（人）	脑力劳动者（人）	t 值 [均值（体力）- 均值（脑力）]	p
总样本	1769	1045	4.7504	0.0000 ***
西部地区	506	362	2.4940	0.0064 ***
中部地区	409	194	3.5763	0.0002 ***
东北部地区	154	69	1.1715	0.1213
东部地区	700	420	2.8939	0.0019 ***

注: * $p < 0.1$, ** $p < 0.05$, *** $p < 0.01$。

（三）劳动者生活状况的职业与地区差异

劳动者的生活维度测量了生活总体满意度、健康状况满意度、家庭关系满意度、生活压力满意度、人际关系满意度等，以李克特量表进行衡量，五个选项分别为"很满意、较满意、一般、较不满意、很不满意"，另外，还提供了不知道的选项。分值越低，代表被访者越满意。

1. 生活总体满意度

生活总体满意度得分均值为2.46，得分越低代表越满意。53%的劳动者表示很满意和较满意，41%的人表示一般。约60%的脑力劳动者对当前的生活状况表示满意，而在体力劳动者中这个数字为53%；表示不满意的劳动者所占比例较低，在体力劳动者和脑力劳动者中分别为6%和4%。

各地区的体力劳动者生活总体满意度均值高于脑力劳动者，西部地区的劳动者生活总体满意度均值高于东部地区，并且从西部地区到东部地区满意度均值基本呈现下降趋势，表明东部地区的体力劳动者和脑力劳动者对生活总体更加满意（见图4-8）。

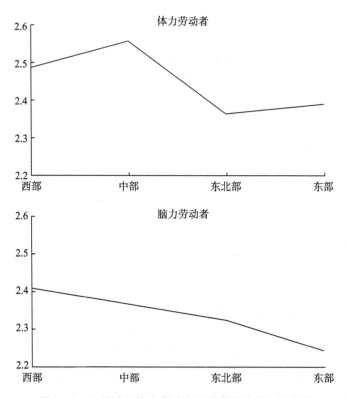

图4-8　不同地区体力劳动者和脑力劳动者生活总体
满意度的均值

对差异进行 t 检验，结果表明除东北部地区（$t=0.3882$，$p=0.3491$）以外，其他地区脑力劳动者和体力劳动者的差异具有显著性。总体来看，脑力劳动者的生活总体满意度比体力劳动者高，这种差异在统计学上具有显著性（$t=4.1455$，$p=0.0000$）（见表4-17）。

表4-17　不同地区体力劳动者和脑力劳动者生活总体
满意度差异的 t 检验

	体力劳动者 （人）	脑力劳动者 （人）	t 值 [均值（体力）- 均值（脑力）]	p
总样本	1767	1048	4.1455	0.0000 ***

续表

	体力劳动者（人）	脑力劳动者（人）	t 值 [均值（体力）－ 均值（脑力）]	p
西部地区	506	364	1.4528	0.0733 *
中部地区	409	194	2.7127	0.0034 ***
东北部地区	155	69	0.3882	0.3491
东部地区	697	421	3.1673	0.0008 ***

注：* $p < 0.1$，** $p < 0.05$，*** $p < 0.01$。

2. 健康状况满意度

劳动者健康状况满意度均值为 2.20，均值越低代表对健康状况越满意。68% 的劳动者对自己的健康状况表示很满意或较满意，约 65% 的体力劳动者对当前的健康状况表示满意，在脑力劳动者中这个数字为 69%；表示不满意的脑力劳动者和体力劳动者所占比例均为 7%。西部地区的劳动者的健康状况满意度均值高于东部地区，并且从西部地区到东部地区的健康状况满意度均值基本呈现下降趋势，表明越靠近东部地区，劳动者对健康状况满意的比例越高（见图 4 - 9）。

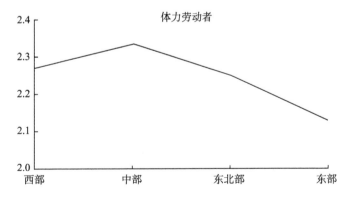

111

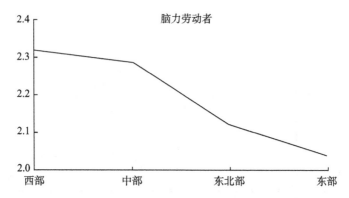

图 4 - 9　不同地区体力劳动者和脑力劳动者健康状况满意度的均值

对脑力劳动者和体力劳动者在健康状况满意度均值上的差异进行 t 检验，结果表明除东部地区（$t = 1.6616$，$p = 0.0484$）以外，其他地区脑力劳动者和体力劳动者的差异均不具有显著性，并且总体上两群体的差异也不具有统计上的显著性（$t = 1.2135$，$p = 0.1125$）（见表 4 - 18），这说明在健康状况满意度方面脑力劳动者和体力劳动者并没有表现出明显的差异。

表 4 - 18　不同地区体力劳动者和脑力劳动者健康状况
满意度差异的 t 检验

	体力劳动者 （人）	脑力劳动者 （人）	t 值 ［均值（体力）－ 均值（脑力）］	p
总样本	1766	1047	1.2135	0.1125
西部地区	508	365	- 0.6410	0.7392
中部地区	409	195	0.6479	0.2586
东北部地区	152	68	1.1504	0.1256
东部地区	697	419	1.6616	0.0484 **

注：* $p < 0.1$，** $p < 0.05$，*** $p < 0.01$。

3. 生活压力满意度

生活压力满意度均值为 2.90，得分越低代表越满意。对于生活压力状况，仅 29% 的劳动者表示较满意或很满意，约 28% 的体力劳动者对当前的生活压力状况表示满意，在脑力劳动者中这个数字为 31%；表示不满意的劳动者所占比例相对于生活维度的其他方面较高，在体力劳动者和脑力劳动者中分别为 19% 和 17%。

对于生活压力满意度，西部地区的劳动者的满意度均值高于东部地区，从西部地区到东部地区，体力劳动者的生活压力满意度均值表现出下降趋势，东部地区最低，这说明东部地区的体力劳动者在生活压力方面更加满意（见图 4 – 10）。

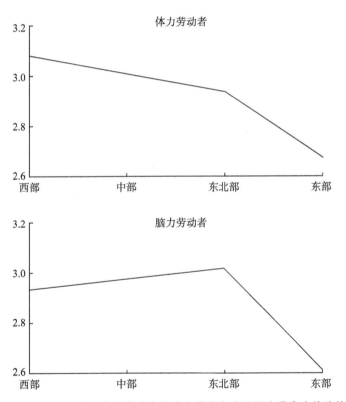

图 4 – 10 不同地区体力劳动者和脑力劳动者生活压力满意度的均值

对脑力劳动者和体力劳动者的生活压力满意度的差异进行 t 检验，结果表明除西部地区（$t = 2.6896$，$p = 0.0036$）以外，其他地区脑力劳动者和体力劳动者的差异均不具有显著性，总体上两群体的差异具有显著性（$t = 2.4212$，$p = 0.0078$），即体力劳动者在生活压力满意度方面比脑力劳动者更低（见表 4 - 19）。

表 4 - 19　不同地区体力劳动者和脑力劳动者生活压力
满意度差异的 t 检验

	体力劳动者（人）	脑力劳动者（人）	t 值 [均值（体力）- 均值（脑力）]	p
总样本	1764	1048	2.4212	0.0078 ***
西部地区	508	365	2.6896	0.0036 ***
中部地区	409	195	0.6290	0.2648
东北部地区	152	68	- 0.4238	0.6640
东部地区	695	420	1.2008	0.1150

注：* $p < 0.1$，** $p < 0.05$，*** $p < 0.01$。

4. 家庭关系满意度

家庭关系满意度的得分均值为 1.93，得分越低代表越满意。77% 的劳动者表示很满意或者较满意个人的家庭关系，表示较不满意或很不满意的劳动者比例仅占 4%。约 75% 的体力劳动者对当前的家庭关系表示满意，在脑力劳动者中这个数字为 80%；表示不满意的劳动者较少，体力劳动者和脑力劳动者均为 4%。

在家庭关系满意度中，西部地区的劳动者的满意度均值高于东部地区，但从西部地区到东部地区未呈现标准的下降趋势。脑力劳动者从西部地区到东部地区的家庭关系满意度均值有下降趋势（见图 4 - 11），也就是说，东部地区的劳动者表现得对家庭关系更加满意。

对差异进行 t 检验，结果表明除东北部地区（$t = 2.4823$，$p = 0.0069$）以外，其他地区脑力劳动者和体力劳动者的差异均不具有显著性，总体上两群体的差异具有显著性（$t = 2.3907$，$p = 0.0084$），表明脑力劳动者群体对家庭关系比体力劳动者群体更加满意（见表 4 - 20）。

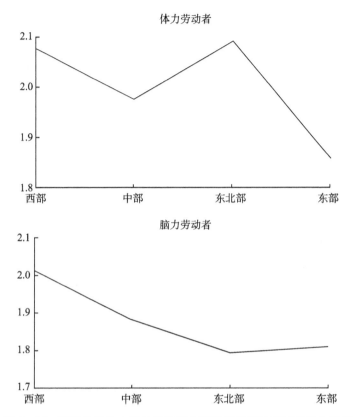

图 4 - 11 不同地区体力劳动者和脑力劳动者家庭关系满意度的均值

表 4 - 20 不同地区体力劳动者和脑力劳动者家庭
关系满意度差异的 t 检验

	体力劳动者 （人）	脑力劳动者 （人）	t 值 ［均值（体力）－ 均值（脑力）］	p
总样本	1772	1049	2.3907	0.0084***
西部地区	510	365	1.1564	0.1239
中部地区	408	194	1.2709	0.1021
东北部地区	155	69	2.4823	0.0069***
东部地区	699	421	1.0264	0.1525

注：* $p < 0.1$，** $p < 0.05$，*** $p < 0.01$。

5. 人际关系满意度

人际关系满意度的得分均值为 2.18，得分越低代表越满意。67% 的劳动者表示较满意或很满意，约 75% 的体力劳动者对当前的人际关系表示满意，在脑力劳动者中这个数字为 80%；表示不满意的劳动者较少，体力劳动者和脑力劳动者均为 4%。

从西部地区到东部地区劳动者的人际关系满意度均值有下降趋势，说明东部地区的劳动者比西部地区的劳动者对人际关系更加满意。这种趋势在脑力劳动者和体力劳动者群体中均较为明显（见图 4 - 12）。

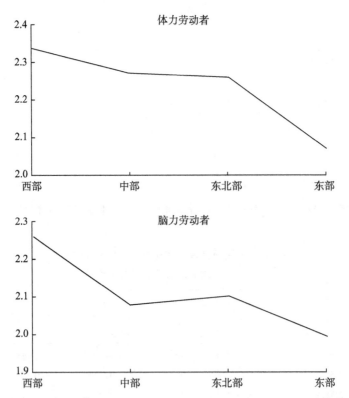

图 4 - 12　不同地区体力劳动者和脑力劳动者人际关系满意度的均值

对人际关系满意度的群体差异进行 t 检验，结果表明，各地区脑力劳动者和体力劳动者的差异均具有显著性，总体上两群体的差异具有显著性（$t=3.3314$，$p=0.0004$）（见表 4-21），脑力劳动者比体力劳动者对人际关系更加满意。

表 4-21　不同地区体力劳动者和脑力劳动者人际关系
满意度差异的 t 检验

	体力劳动者（人）	脑力劳动者（人）	t 值 [均值（体力）- 均值（脑力）]	p
总样本	1769	1049	3.3314	0.0004 ***
西部地区	510	364	1.4322	0.0762 *
中部地区	408	195	3.0128	0.0013 ***
东北部地区	153	69	2.4823	0.0013 ***
东部地区	698	421	1.5075	0.0666 *

注：* $p<0.1$，** $p<0.05$，*** $p<0.01$。

（四）工作生活平衡的地区分割和职业分割效应

为确定地区差异和职业群体差异对工作生活平衡程度的贡献率，使用混合效应 Logistic 模型（Mixed Effects Logistic Regression）分别考察地区分割（district）和职业分割（occupation）对工作生活平衡的影响。将劳动者的工作维度和生活维度量表得分进行加总，形成混合效应 Logistic 模型，将工作生活平衡的整体差异分解，并给出一个定量的指标来表示不同层级所导致的收入差异占总差异的份额。我们使用工作生活平衡程度（高/低）作为因变量进行分析。

对地区分割下不同性别、年龄段、受教育程度、婚姻状况、家庭月收入的劳动者工作生活平衡程度差异进行描绘（见图 4-13）。图中纵轴为工作生活平衡程度的均值，横轴分别为性别、受教育程度、婚姻状况、年龄段和家庭月收入。每图分别以 4 条连线描绘西部、中部、东北部和东部地区的工作生活平衡程度均值。东部地区的劳动者几乎在各方面的工作生活平衡程度均值都高于其他地区。

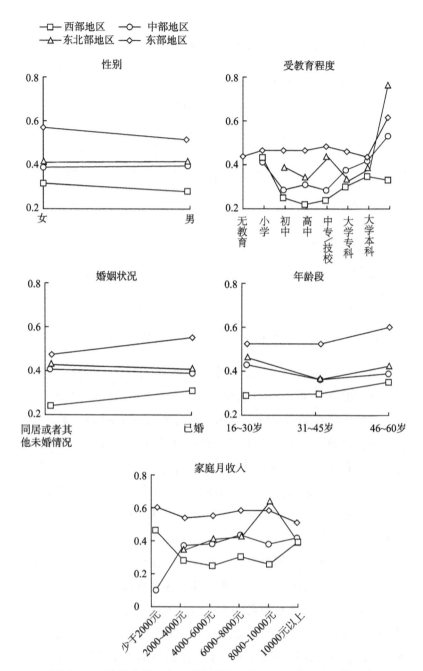

图 4-13　地区分割下人口学变量与工作生活平衡程度均值差异

　　进一步在地区分割下考察人口学变量对工作生活平衡程度均值的影响。东部、西部地区男性的工作生活平衡程度均值低于女性、未婚（包含单身、离婚和其他状态）低于已婚人群、46 岁以下低于 46 ~ 60 岁的劳动者。在受教育程度上西部地区呈现 U 形曲线，受教育程度从小学到高中增长，但工作生活平衡程度均值下降，从高中之后，受教育程度增长，工作生活平衡程度均值也有所增长，而其他地区没有表现出这样的趋势。家庭月收入对工作生活平衡程度的影响并不明显，去除异点外，东部、西部、中部地区的均值连线均呈平稳趋势。东北部地区的样本过少，在图形上能够发现偏误，其他方面的差异并不明显。

　　对职业分割下不同性别、年龄段、受教育程度、婚姻状况、家庭月收入的劳动者工作生活平衡程度均值差异进行描述。发现的差异是，体力劳动者中女性的工作生活平衡程度均值高于男性，脑力劳动者中已婚群体的工作生活平衡程度均值高于未婚群体，年龄段在 46 ~ 60 岁的脑力劳动者的工作生活平衡程度均值高于 46 岁以下的脑力劳动者。在受教育程度上，体力劳动者的工作生活平衡程度均值呈 U 形曲线，从高中学历以后，受教育程度增长，其工作生活平衡程度均值也随之增长。其他方面和家庭月收入带来的工作生活平衡程度差异并不大。无论是脑力劳动者还是体力劳动者，在以上人口学变量下的工作生活平衡程度均值差异均相对较小，线条的斜率较为和缓（见图 4 - 14）。

　　在地区分割下，不同人口学变量下的工作生活平衡程度均值差异较为明显，主要表现在东部、西部地区的性别、年龄和婚姻状况带来了工作生活平衡程度的差异。值得注意的结果是，东部、西部地区女性的工作生活平衡程度均值高于男性；对于西部地区，在高中学历以上，随着学历的增长，工作生活平衡程度均值有所增长，而东部地区没有表现出这种趋势；家庭月收入对工作生活平衡程度的影响并不明显。在职业分割下，不同性别、受教育程度、家庭月收入劳动者工作生活平衡程度的差异相对较小。对于

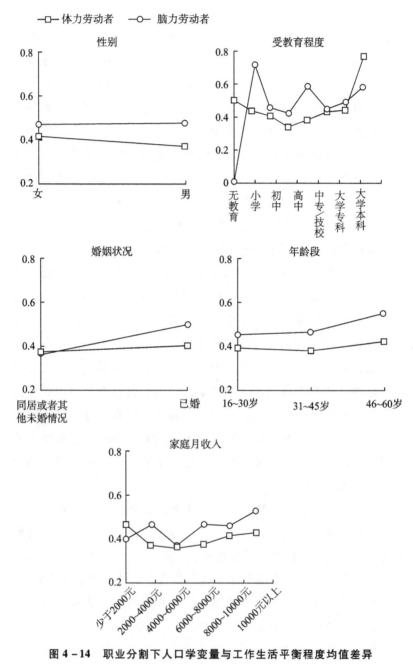

图 4 – 14　职业分割下人口学变量与工作生活平衡程度均值差异

体力劳动者来说，男性工作生活平衡程度均值低于女性，并且，在高中学历以后，受教育程度增长带来了工作生活平衡程度的增长，而脑力劳动者没有表现出这样的趋势；家庭月收入对工作生活平衡程度的影响并不明显。

总体而言，地区分割给工作生活平衡带来的差异和效应大于职业分割带来的差异和效应。无论从地区分割还是职业分割来看，收入因素并没有对工作生活平衡产生较大程度的影响，女性和已婚群体呈现工作生活平衡的优势，对于西部地区的劳动者和体力劳动者来说，受教育程度的提高带来了工作生活平衡的提高。

据此，我们通过混合效应回归考察职业分割和地区分割对工作生活平衡的效应。混合效应回归的预设是在回归中，不同职业和地区在回归中的截距和斜率不同，我们以二分变量工作生活平衡程度（高/低）为因变量进行地区分割效应和职业分割效应的分解，分别拟合了两个零模型来观察单独的地区分割和单独的职业分割对工作生活平衡的组间效应。模型的方程如下。

第一层：$\mathrm{Log}(p_{\mathrm{balance}}/1-p_{\mathrm{balance}}/) = \beta_0 + r$

第二层：$\beta_0 = \gamma_{00} + \mu_0$

总模型为：$\mathrm{Log}(p_{\mathrm{balance}}/1-p_{\mathrm{balance}}/) = \gamma_{00} + \mu_0 + r$

其中，β_0 为第一层截距，r 为随机效应，γ_{00} 为第一层截距在第二层的固定效应，μ_0 为第二层随机效应。截距 β_0 是所有地区共同分享的，但 r 是特定地区出现的随机效应，这个随机效应服从正态分布，其方差为 σ^2。零模型中不加入任何变量，仅加入地区和职业两个层级，因此我们可以检验方差 σ^2 的分布。

当以地区作为分层标准时，没有纳入任何自变量的零模型显示，优势比的对数 Log（odds）的值，即在平均地区水平下（或随机效应 r 为 0 的情况下）β_0 的估计值为 -0.389。在对 r 的估计中，从输出结果来看，r 的方差 σ^2 为 0.137，表明因变量的变异有 14% 能够分解到地区层次，或者说地区对因变量的解释效果能够达到

14%（见表4-22）。

表4-22　分地区层级分解工作生活平衡差距

工作生活平衡	系数	SE	z	$p > \|z\|$	95% CI	
β_0	-0.389	0.191	-2.040	0.0410	-0.762	-0.0150
r		估计值		SE	95% CI	
地区						
σ^2		0.137		0.100	0.0327	0.574
LR test VS. Logistic model chibar^2（01）= 111.4，Prob > = chibar^2 = 0.0000						

我们的第二个零模型将职业作为分层变量，我们看到方程的截距为 -0.292 + r，随机效应的方差仅为2%，这个数字较低，表明职业组间层面解释了因变量2%的变异。因此，我们认为不同职业的工作生活平衡差异在组内具有相似性，在组间具有差异但并不是差异的主要原因（见表4-23）。

表4-23　分职业层级分解工作生活平衡差距

工作生活平衡	系数	SE	z	$p > \|z\|$	95% CI	
β_0	-0.292	0.114	-2.560	0.0110	-0.515	-0.0680
r		估计值		SE	95% CI	
职业						
σ^2		0.0229		0.0261	0.00248	0.212
LR test VS. Logistic model chibar^2（01）= 9.240，Prob > = chibar^2 = 0.0012						

混合效应 Logistic 模型的分析结果表明，地区和职业的组间差异具有显著性。地区分割较大程度解释了方差的变异，不同地区劳动者的回归斜率有较大不同，表明工作生活平衡的地区差异较大。而不同职业的工作生活平衡的回归斜率也有显著差异，但是仅解释了2%的方差，表明不同职业群体工作生活平衡的组间差异并不明显。混合效应 Logistic 回归零模型检验发现工作生活平衡的差异并未分解到职业层面，这有两种可能，一种是差距更多由职

业组内差异组成，另一种是职业对工作生活平衡的影响较小，这在后续研究中需要进一步检验。

四 本章小结

本章明确了工作生活平衡的定义，认为工作生活平衡指个体能够在工作和工作之外的生活领域达到满意状态，其中生活领域包含家庭、社会关系、健康、休闲以及其他生活方面。在明确工作生活平衡概念和对研究的理论基础进行界定后，分职业和地区对劳动者的工作状况和生活状况进行了描述性统计。以人力资源社会保障部的职业分类为标准对职业进行分类，将劳动者分为脑力劳动者和体力劳动者；将地区分为东部、中部、东北部、西部四个地区，考虑地区分割（西部、中部、东北部、东部）和职业分割（脑力劳动者、体力劳动者）对工作维度和生活维度的影响，并分析家庭月收入、受教育程度、年龄段、性别等人口学变量对工作维度和生活维度的影响。

通过数据分析可以发现，首先，从工作维度和生活维度的地区差异来看，几乎所有工作维度和生活维度的题项均表现出地区差异，发达地区的劳动者的工作满意度和工作自主性更高、工作压力感更小，加班认知的趋势则略不明显。而在生活维度的各题项中，东部地区的劳动者满意情况均好于西部地区。从职业差距来看，脑力劳动者在工作维度和生活维度的基本状况均优于体力劳动者，这种差异具有统计学意义上的显著性。但是，在进一步的混合效应 Logistic 模型中，地区效应解释了零模型 14% 的方差，职业效应仅解释了 2% 的方差，可以认为工作生活平衡的职业分割效应较不明显。

其次，从人口学变量来看，职业分割和地区分割带来了劳动者最高受教育程度差异和家庭月收入差异，东部地区、脑力劳动者的最高受教育程度和家庭月收入均高于对应的群体。职业分割也与性别差异相关，女性在脑力劳动者中占的比例较高。这符合传统的职业分割和地区分割带来的人口学变量的差异的结论。对于不同职业的年龄差异来说，体力劳动者的比例在各年龄段均高于脑力劳动者，而地区差异表现在，46～60岁的劳动者所占的比例均显著地低于46岁以下的两个年龄段群体，年龄段的差异可能由样本选择中仅选取有工作的样本而带来的样本本身的偏误造成。人口学变量存在职业和地区差异，其中家庭月收入、受教育程度和性别的差异均与既往研究基本符合，这成为工作生活平衡影响因素回归分析中性别、受教育程度与地区和职业交叉效应分析的基础。

对劳动者的工作维度和生活维度的分别考察发现，无论是工作维度还是生活维度，地区分割效应最为明显，相对于西部地区的劳动者，东部地区的劳动者在工作维度和生活维度的得分均较低，表明东部地区的劳动者无论在工作还是生活方面的主观态度明显优于其他地区；从西部地区、中部地区、东北部地区到东部地区较为明显地表现出得分递减的趋势。值得注意的是，东北部地区由于样本量较少（242人），在分析过程中可以发现东北部地区各题项均值的变异较大，这有可能对描述分析和检验结果造成影响。

第五章 劳动力市场分割与工作生活 平衡的影响机制

　　探讨工作生活平衡的影响因素，回应了社会发展中关于劳动者工作生活平衡面临的一些新问题。首先，远程办公、弹性工作、知识劳动的出现使工作和生活的界限日渐模糊，越来越多的组织也从工作时间控制转为对绩效、效率和劳动过程的控制，那么，工作时间是否仍然是影响工作生活平衡的重要因素？其次，从劳动关系和劳工研究的视角来看，劳动者的工作和生活难以平衡的一个重要原因在于，劳方在劳动力市场中处于弱势地位并且谈判能力较弱，而随着社会的发展，劳动者就业机会增多，就业保障条件提高，劳动者谈判能力也有所提高，这种变化是否能够提高劳动者平衡工作与生活的能力？最后，工作生活平衡包含工作和生活两个领域，工作生活平衡应当关注劳动者的生活领域和生活因素。但是，个体生活如家庭、健康和休闲的范围在不断扩大，如何在研究中对与个体工作生活平衡直接相关的生活因素，如家务责任承担、社交网络、社区活动参与、休闲活动等进行合理的限定和考察，是我们需要解决的重要问题。这些是本章试图回答的由社会发展带来的工作生活平衡的新问题。

　　在提出具体研究假设之前，对工作生活平衡的影响因素和影响机制的概括，有助于理解研究问题和建立研究假设（见图 5 - 1）。第一，从研究视角来看，将工作生活平衡纳入劳动关系的研究范围，可以借鉴劳工研究的公民权利视角、文化视角、阶级/阶层视角、后现代视角等研究视角（佟新，2008）。围绕前三个视角展开的研究比较丰富，后现代视角下的工作生活平衡研究相对较少，此外，也有大量研究从制度、管理和心理角度展开，例如管理学下的员工福利和工作生活平衡计划方面的研究。在以上四个研究视角下，又可以结合公民参与、性别分工、时间控制、技术控制、雇佣关系、市场分割、工作环境、社会制度、社会发展、组织制度和组织发展等方向和领域展开研究。

第二，从影响因素来看，工作生活平衡研究主要集中于中观到微观的组织层面和个人层面，工作和生活冲突问题解决的最主要渠道则在于组织推行为缓解雇佣双方固有矛盾、兼顾组织效率与公平而采取的措施。但是，也应当看到，在工作制度、工作环境、权威体系、工作时间、请假制度等组织工作因素之外的宏观因素，例如劳动力市场环境、就业环境、就业机会、文化环境、社会制度等外部环境因素，也会影响组织进而影响个体，或者直接影响个体的工作和生活，比如欧洲国家就在政策层面进行干预，做出许多有利于劳动者工作生活平衡的努力。

如果将工作生活平衡的影响因素粗略地划分为宏观、中观、微观三个层次，社会层面、组织层面、个体层面的因素都有可能对其产生影响。社会层面的性别分工、市场分割、文化差异，组织层面的工作时间、工作环境、雇佣关系、技术控制、组织制度、组织发展模式等因素都有可能成为工作生活平衡的影响因素，并且，个人的收入、受教育程度、性别等人口学因素，以及其他个人因素如劳动者的性格、认知、个人的职业生涯规划、个体对待工作的态度，也有可能影响劳动者的工作生活平衡。特别是，与劳工研究从劳动过程到日常生活的转向相契合，工作生活平衡研究对劳动者生活领域的关注正在不断加强，这既是由于日常生活领域能够呈现劳动者与工作相关的生活状态，也是由于生活领域反映着劳动关系的状况。也就是说，个体的生活因素如通勤时间、社交网络、社区活动等也会对工作生活平衡产生重要影响（见图 5-1）。

　　第三，从工作生活平衡的影响机制来看，可以划分为社会机制、管理机制和心理机制。社会机制在于社会制度、社会保障、社会政策和组织制度等，在实现和执行过程中，如果产生较好的执行效果和较高的制度效率，会有利于劳动者对政策和制度形成认可和较好反馈，并实现工作生活平衡。管理机制则在于，组织因素和管理因素影响员工的工作方式、工作内容、工作压力、工作效率和工作福利，进而影响劳动者的工作生活平衡。心理机制的一种解释可以概括为"溢出理论"（Staines，1980）。溢出理论认为个体角色间的卷入所获得的情感、态度、技能和行为会"溢出"到其他角色中，增强或削弱个体实现其他角色的能力。这种溢出可以是积极的，也可以是消极的。积极溢出表现在多重角色条件下，个体所获得的不同资源对个体实现其他社会角色有正向作用；消极溢出表现在角色间的消极感受会相互影响，比如工作压力理论就认为工作压力溢出会导致心理不适，从而引起个体的"悲痛感"（distress），最后限制了个体的生活能力（Kopelman，Greenhaus，and Connolly，1983），也有研究者指出工作压力过大会带来身体不适，引发体能耗竭，进而限制个体的生活能力。另一种解释可以称为"补偿理论"，从个体角色出发，认为由于工作和生活中个体所处的角色不同，在工作角色中的过度投入，如工作卷入程度较高，会导致在生活角色中精力不足以及两个角色之间的冲突，限制个体的生活精力，因而工作和生活的精力和投入是负相关关系（Staines，1980），即一个领域成为"补偿"生活质量较低的另一个领域的方式（见图 5 - 1）。

　　工作生活平衡的影响因素和影响机制研究具有研究视角的多元化和复杂性等特点，其影响因素可以划分为宏观、中观、微观层次，平衡的达成需要社会、组织、个体从社会、管理、心理等多方面做出努力。

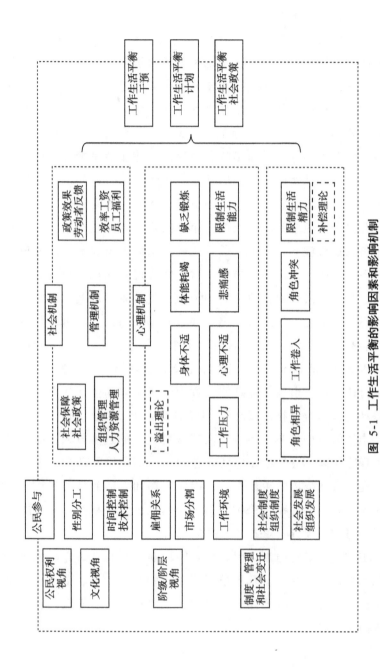

图 5-1　工作生活平衡的影响因素和影响机制

一　研究假设

在理解工作生活平衡研究视角、影响因素和影响机制等问题的基础上，回应本章开头提出的社会中涌现出的现实问题，本章提出以下四个研究问题：第一，职业分割和地区分割对劳动者的工作生活平衡产生怎样的影响？第二，在职业和地区因素以外，就业环境因素如就业机会、法律对劳动权益的保护情况对劳动者工作生活平衡的影响是怎样的？第三，工作因素中传统的、以减少工作时间的方式促进工作生活平衡的策略在现代社会是否仍然有效？或者说，在信息化不断发展，工作方式日益灵活化、多样化的今天，工作时间控制是否仍然是工作生活平衡的重要影响因素？第四，生活因素如社区参与、社会互动和通勤时间对工作生活平衡产生怎样的影响？根据研究问题提出的研究假设具体有以下几个方面。

1. 就业环境的影响

上一章地区对劳动者工作状况和生活状况分别影响的分析，印证了地区经济、社会、文化不同带来就业环境的差异，直接影响劳动者的工作生活平衡，这与以往研究一致（刘林平、雍昕、舒玢玢，2011）。与以往研究不同的是，虽然体力和非体力劳动者的雇佣状况、工作形式和工作环境有所差别，并且雇员在组织中的地位，包括报酬、职业生涯、组织责任均有差距（李路路、朱斌，2015），但是上一章的分析表明职业分割效应对工作生活平衡的影响并不显著。

除职业和地区因素以外，就业环境的其他方面，比如劳动者权益的保护有利于劳动者权利的实现以及劳资双方权益的平衡，就业机会增加有助于劳动者议价能力的提高，这都有可能带来劳动者权益的增长和福利的提升，进而影响劳动者的工作生活平衡。据此，本章提出有关就业环境对劳动者工作生活平衡影响的假设如下。

假设 1：就业环境因素对劳动者的工作生活平衡有显著影响。

假设 1.1：地区分割对劳动者的工作生活平衡有显著影响。

假设 1.2：职业分割对劳动者的工作生活平衡没有显著影响。

假设 1.3：就业机会的增加有助于劳动者工作生活平衡的提高。

假设 1.4：就业保障的提高有助于劳动者工作生活平衡的提高。

2. 组织工作环境的影响

组织因素主要反映劳动者的工作环境和就业质量。工作时间是影响劳动者工作生活平衡的一个重要的组织因素，工作和生活冲突的一个重要原因就是过长的工作时间和过于严格的时间控制，劳动过程控制的历史观点强调时间概念，汤普森就曾讨论由机械师塑造的时间规制和观念，资本主义系统始终利用时间来管理工人，并使时间内化在工人的生活习惯中。由此，时间观念和时间规制上的任务导向，即农业社会的自然时间节奏下的工作转变为"时间导向"，根据时钟的时间来工作，形成了"刚性的"时间规制（佟新，2014）。时间规制方式给工人带来了巨大的工作压力，带来过长的加班时间和工人过于劳累的身体，也会造成工作与生活之间的冲突。但是，也有研究者指出，现代社会中许多新型工作具有工作时间弹性和工作自主性增强的特点，因此资方加强了对劳动者劳动过程的控制（吴清军、李贞，2018），这带来一个从工作时间控制转为工作目标、工作过程和工作绩效控制的趋势。与时间控制相关的另一个理论是效率工资理论，它也对时间理论构成了一定程度的反驳。该理论认为，对一些难以衡量员工能力和工作过程的行业，雇佣方倾向于使用效率工资或其他激励方式进行规制，即向员工支付高于劳动力市场的工资，以及增加员工福利。效率工资理论认为对效率的控制是适应劳动生产过程变迁的一种新的控制形式，在这种控制形式下资方会给予劳动者更大的福利空间以及更好的工作条件，因此，很多组织将减少工作时间作为一种员工激励。采用效率激励的办法有很多益处，例如能够减少高质量员工流失，引发员工"投桃报李"而为组织付出更多努力，促使员工自发形成竞争机制。从工作控制的变化趋势和效率工资理论可以发现，工作时间控制对工作生活平衡的影响仍有待进一步明确。

此外，有研究认为，管理层和组织整体对于工作生活平衡的支持性文化对员工对于工作单位中的工作生活平衡计划的使用程度有直接影响（McCarthy et al.，2013；Barbara，Gene，and James，2007；Cegarra-Leiva，Sánchez-Vidal，and Cegarra-Navarro，2012b），一些组织中员工使用工作生活平衡计划还需要和领导层讨价还价（Burgess，Henderson，and Strachan，2007），比如管理者会在假期批准上设置重重障碍，或者推行者在工作生活平衡计划使用上含糊其辞，都会导致劳动者感受到歧视（Mescher，Benschop，and Doorewaard，2010），很明显的一个例子是，女性产假歧视现象会影响劳动者的工作生活平衡。还有研究者指出，在相对缺乏安全感、高流动性的职业中，员工更难实现工作和生活的平衡（Heywood，Siebert，and Xiangdong，2010；Barbara and Sonja，2010；Morganson et al.，2010；Arnold et al.，2013）。因此，本章在组织因素的分析中还选取了两个指标——工作支持文化和工作稳定性，认为工作支持文化和工作稳定性可能对工作生活平衡产生影响。

假设2：组织因素对劳动者的工作生活平衡有显著影响。

假设2.1：工作时间减少有助于劳动者工作生活平衡的提高。

假设2.2：工作场所较好的支持文化有助于劳动者工作生活平衡的提高。

假设2.3：工作稳定性较高有助于劳动者工作生活平衡的提高。

3. 个体因素的影响

从个体人口学因素来看，性别是工作生活平衡分层研究中的重要视角，研究者认为，女性劳动者既负有更多照顾家庭的责任，又需要在劳动领域获得薪酬和发展，因此更有可能面临工作和生活的冲突。从工作领域另一个重要的个人因素——收入来看，工作领域目前发生的一个巨大的变化是，金钱正逐渐丧失它的力量，过去的 30 年中美国人的平均收入增加了 16%，但认为自己很幸福的人数占比从 36% 下降到 29%（塞利格曼，2010）。可见，经济发展、生活水平提高后，人们并没有比 50 年前更加幸福，发达国家的幸福感也并不见得比发展中国家更高。很明显的一点是，一旦维持生计所需的经济收入有了保障，要提高人们的幸福水平就不太容易了（莱亚德，2015）。收入与幸福感并不意味着有必然的联系，如果将这种理论移植到工作生活平衡问题上，收入对工作生活平衡也有可能并不产生直接影响。受教育程度与工作生活平衡之间的关系也是复杂的。有研究者指出受教育程度带来的人力资本回报在主要劳动力市场较高（吴愈晓，2011；田晓青，2014），但是，即使受教育程度提高能够带来较高的人力资本收益，我们也难以直接推演至其能够带来个体的幸福和工作生活平衡。与人力资本收益出发点不同的另外一种观点是，受教育水平通过影响个体认知和行为来影响个体平衡工作和生活的心理和能力，但我们不能妄加揣测。可以肯定的是，受教育水平对个体工作生活平衡感受的影响机制也必然十分复杂。

个体的通勤时间更多的是对个体工作以外的生活时间的占用，因此与工作时间形成的假设类似，通勤时间的减少可能有助于工作生活平衡程度的提高。欧洲第六次工作环境调查就将工作时间、通勤时间、劳动时间、休息时间等综合分析，采用每日活动时间表方法考察工作生活平衡状况。因此我们也对个体通勤时间的影响进行了分析。此外，从社会资本、社会网络和社区理论中得到的启示是，社交活动参与和社区活动参与能够建立社会关系、促进社会交往、缓解工作压力、提高生活质量，因而较有可能对工作生活平衡产生积极影响。但是总体而言，目前涉及生活因素对个体工作生活平衡影响的文献较少，仅提到了休闲参与、家庭活动参与对舒缓劳动者压力、调节活动方式的裨益。

假设3：个体因素对劳动者的工作生活平衡有显著影响。

假设3.1：通勤时间的减少有助于工作生活平衡的提高。

假设3.2：个体社会网络的扩大有助于工作生活平衡的提高。

假设3.3：个体社会活动的参与有助于工作生活平衡的提高。

二 数据、变量及方法

在上一章分别考察劳动者工作状况和生活状况在职业和地区方面的差异的基础上，本章一方面继续深入考察和比较地区和职业因素对工作生活平衡的影响，另一方面纳入地区和职业以外的就业环境因素、组织工作环境因素以及个体因素，对工作生活平衡的影响因素进行综合考察，并尝试建立工作生活平衡的影响因素模型。采用2015年"中国社会态度与社会发展状况调查"的数据进行分析，对工作题项和生活题项进行加和并等权平均，当缺失值大于总题项的20%时，则认定该样本为缺失。经过缺失值处理后，最终生成工作生活平衡度（连续变量），均值为2.52，标准差为0.44，中值为2.54；工作生活平衡程度（二分变量），代表被访者感知的平衡程度的高低。

选取的工作生活平衡的影响因素包括三个方面，即就业环境因素、工作环境因素和生活因素，其中就业环境因素主要包括通过地区反映经济社会发展水平差异、通过体力劳动者和脑力劳动者反映职业类型差异，劳动权益保护满意度以及就业机会满意度；组织工作环境因素选取了三个方面，包括划分为领导支持和同事支持的工作支持感、工作稳定感以及周工作时间；生活因素选取了社区活动参与满意度、社交活动参与满意度以及通勤时间。表5-1对自变量和因变量的情况做了简单说明。

本章采用描述性统计和 t 检验分析和比较不同职业和地区劳动

者工作生活平衡的现状，使用二元 Logistic 回归分析工作生活平衡的影响因素。对自变量在地区和职业上的差异进行描述性统计，目的是了解自变量的基本状况，以及观察自变量是否与地区存在交互作用或不可接受的多重共线性。

表 5 - 1　变量的操作化说明

	变量名称	变量类型	变量说明
因变量	工作生活平衡度	连续变量 根据各题项等权平均	2.52 ± 0.44
	工作生活平衡程度	二分变量 根据工作生活平衡程度得分中值分为两类	高平衡程度 = 1 低平衡程度 = 0（58%）
自变量 就业环境因素	劳动权益保护满意度	二分变量 根据问题分类所得	满意（1~2分）= 1 未达到满意（3~5分）= 0（55%）
	就业机会满意度	二分变量 根据问题分类所得	满意（1~2分）= 1 未达到满意（3~5分）= 0（66%）
	地区	多分类变量 根据问题编码所得	西部 = 1（31%） 中部 = 2（21%） 东北部 = 3（8%） 东部 = 4（40%）
	职业类型	二分变量 根据问题分类所得	脑力劳动者 = 1 体力劳动者 = 0（63%）
自变量 工作环境因素	工作支持感	二分变量 根据问题分类所得	赞同（1~2分）= 1 一般或不赞同（3~5分）= 0（44%）
	工作稳定感	二分变量 根据问题分类所得	赞同（1~2分）= 1 一般或不赞同（3~5分）= 0（58%）
	周工作时间	二分变量 根据均值分类所得	少于 46 小时 = 1 多于 46 小时 = 0（46%）

	变量名称	变量类型	变量说明
自变量 生活 因素	社区活动参与满意度	二分变量 根据问题分类所得	满意（1~2分）=1 未达到满意（3~5分） =0（68%）
	社交活动参与满意度	二分变量 根据问题分类所得	满意（1~2分）=1 未达到满意（3~5分） =0（68%）
	通勤时间	二分变量 根据均值分类所得	少于半小时=1 多于半小时=0（52%）
自变量 人口学 变量	性别	二分变量 问题直接所得	男性=1 女性=0（50%）
	最高受教育程度	二分变量 问题计算所得	大学及以上=1 大学以下=0（47%）
	家庭月收入	连续变量 问题直接所得	8530±5212.7元
	家庭月收入的对数	连续变量 根据收入计算所得	8.90±0.54
	年龄	连续变量 问题计算所得	16~60岁 35.9±29.71
	年龄段	多分类变量 根据年龄计算所得	16~30岁=1　（38%） 31~45岁=2　（43%） 46~60岁=3　（20%）

三　研究结果

（一）职业、地区与自变量的交互作用

首先，对就业环境因素、工作环境因素及生活因素的职业与地区差异进行分析，以明确回归分析中自变量之间的交互效应。交互效应（interaction）是指一个因素各个水平之间反应量的差异随其他因素的不同水平而发生变化的现象。它的存在说明同时研究的若干因素的效应非独立。自变量之间的交互效应可以用于反映因变量的变化依赖于几个因素变化水平的程度。

1. 就业环境因素的职业与地区差异

（1）劳动权益保护满意度

劳动权益保护满意度反映着劳动者就业的基本环境，该题项得分越低表示越满意，越高表示越不满意，44%的体力劳动者和49%的脑力劳动者在劳动权益保护满意度上选择了满意，选择不满意的比例分别为16%和15%，其他被访者选择了一般。从地区差异来看，西部和中部地区的劳动者对劳动权益保护更不满意，东部地区则较为满意（见图5-2）。不同地区的劳动权益保护满意度均值差距较大，说明相对发达的东部地区在劳动权益保护和法律执行效果方面明显优于其他地区。

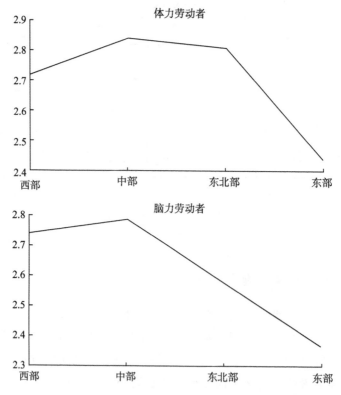

图5-2　不同地区的体力劳动者和脑力劳动者劳动权益保护满意度均值差异

双样本 t 检验结果显示，脑力劳动者和体力劳动者群体在劳动权益保护满意度上存在差异，脑力劳动者相比体力劳动者的满意度略高（$t = 1.3375$，$p = 0.0906$），这种群体差异主要出现在东北部地区，而在其他地区并无显著差异，两个群体之间差距不大（见表 5-2）。也就是说，在劳动权益保护方面，脑力劳动者相比体力劳动者略微满意。

表 5-2　不同地区体力劳动者和脑力劳动者劳动权益保护满意度均值差异的 t 检验

	体力劳动者（人）	脑力劳动者（人）	t 值 [均值（体力）-均值（脑力）]	p
总样本	1729	1034	1.3375	0.0906*
西部地区	494	363	-0.4640	0.6786
中部地区	398	188	0.5344	0.2966
东北部地区	152	67	1.7176	0.0437**
东部地区	685	416	1.1481	0.1256

注：$* p < 0.1$，$** p < 0.05$，$*** p < 0.01$。

（2）就业机会满意度

就业机会的增加能够提高劳动者的谈判能力和议价能力。就业机会满意度题项的得分越低表示越满意，越高表示越不满意。就业机会满意度得分相对于其他题项较低，表达不满意的劳动者在体力劳动者和脑力劳动者中均占 25%，满意的比例分别为 34% 和 37%，一般的比例分别为 41% 和 38%。从就业机会满意度得分的地区差异来看，西部地区与中部地区劳动者的满意度得分高于东北部地区和东部地区，地区差距较大（见图 5-3），相对发达的东部地区的就业机会可能较多，因而劳动者也更加满意。

双样本 t 检验结果表明脑力劳动者和体力劳动者在就业机会满意度上有显著差异（$t = 1.3327$，$p = 0.0914$），脑力劳动者的

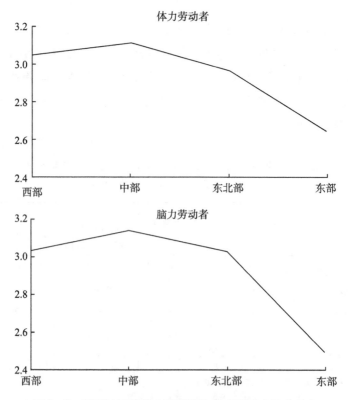

图 5 - 3　不同地区的体力劳动者和脑力劳动者就业机会
满意度的均值差异

满意度均值较低，这种差异主要来自东部地区的劳动者，其他地区没有显著差异，两个职业群体之间的满意度差距并不大（见表 5 - 3）。

表 5 - 3　不同地区体力劳动者和脑力劳动者就业机会
满意度均值差异的 t 检验

	体力劳动者（人）	脑力劳动者（人）	t 值 [均值（体力）－均值（脑力）]	p
总样本	1729	1034	1.3327	0.0914 *

续表

	体力劳动者 （人）	脑力劳动者 （人）	t 值 ［均值（体力）－ 均值（脑力）］	p
西部地区	494	363	0.1236	0.4508
中部地区	398	188	－ 0.3373	0.6320
东北部地区	152	67	－ 0.4891	0.6874
东部地区	685	416	2.2198	0.0133 **

注：* $p < 0.1$，** $p < 0.05$，*** $p < 0.01$。

2. 工作环境因素的职业与地区差异

（1）工作支持感

工作支持感分为两个题项，分别询问之间被访者在工作中对获得同事支持和领导支持的赞同程度，得分越低表示越赞同，越高表示越不赞同。支持性的工作环境能够提供相对宽松良好的氛围，有利于员工的请假和休假，比如，在员工面临工作－生活冲突时，同事和领导的支持对其请假决策有重要影响。

从数据的总体来看，约50%的被访者在工作场所的同事支持题项上表示完全赞同或比较赞同，32%的被访者选择了一般，仅有少部分劳动者（18%）对在工作场所得到同事支持持不赞同态度。工作支持感得分均值为2.10，除西部地区外，其他地区脑力劳动者比体力劳动者的得分更低，即更赞同会在工作场所获得同事支持（见图5－4）。

双样本 t 检验的结果显示，除西部地区外，其他地区的脑力劳动者与体力劳动者相比得分更低，也就是说更倾向于对获得同事支持表示赞同，这一点在统计上具有显著性（见表5－4），也就是说，职业群体差异较为显著（$t = 2.6325$，$p = 0.0043$）。

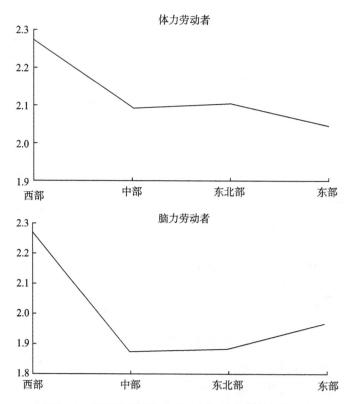

图 5 - 4　不同地区的体力劳动者和脑力劳动者的同事
支持赞同度的均值差异

表 5 - 4　不同地区体力劳动者和脑力劳动者同事支持赞同度
均值差异的 t 检验

	体力劳动者 （人）	脑力劳动者 （人）	t 值 ［均值（体力） － 均值（脑力）］	p
总样本	1776	1050	2.6325	0.0043 ***
西部地区	510	366	0.0230	0.4908
中部地区	409	194	3.6796	0.0001 ***
东北部地区	155	69	2.1376	0.0168 **
东部地区	702	421	1.8408	0.0330 **

注：* p < 0.1, ** p < 0.05, *** p < 0.01。

在获得领导支持方面的赞同程度的分析结果表明，约64%的劳动者完全赞同或比较赞同在工作中能够获得领导支持，8%的劳动者表示完全不赞同或比较不赞同，总体而言，劳动者在该题项中表现出较为赞同的态度，得分均值为2.25。直观地看，与体力劳动者相比，所有地区的脑力劳动者在工作场所获得领导支持方面的赞同程度得分更低，即更加赞同会获得领导支持（见图5-5）。

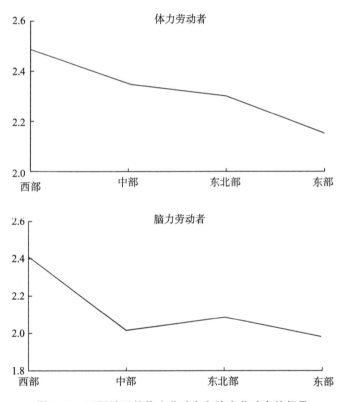

图5-5　不同地区的体力劳动者和脑力劳动者的领导支持赞同度的均值差异

从西部地区到东部地区，劳动者对获得领导支持的赞同程度有递减趋势，以西部地区得分最高，东部地区的劳动者比西部地区的劳动者、脑力劳动者比体力劳动者持有的态度更为赞同。

双样本 t 检验的结果表明，职业群体之间的差异在总体上具有显著性（$t=4.4596$，$p=0.0000$），脑力劳动者在领导支持方面满意度高于体力劳动者，这表现在东部、东北部和中部地区，西部地区的情况除外（$t=0.9890$，$p=0.1615$）（见表 5-5）。

表 5-5　不同地区体力劳动者和脑力劳动者领导
支持赞同度均值差异的 t 检验

	体力劳动者（人）	脑力劳动者（人）	t 值 [均值（体力）－均值（脑力）]	p
总样本	1764	1043	4.4596	0.0000 ***
西部地区	502	359	0.9890	0.1615
中部地区	407	195	4.6389	0.0000 ***
东北部地区	153	68	2.0233	0.0221 **
东部地区	702	421	3.4470	0.0003 ***

注：* $p<0.1$，** $p<0.05$，*** $p<0.01$。

（2）工作稳定感

工作稳定感反映了劳动者对失业风险的感知，失业风险的大小可能与劳动者平衡工作与生活的行为相关。工作稳定感的得分均值为 2.77，约 42% 的劳动者完全赞同或比较赞同在工作中不会失业，27% 的劳动者表示完全不赞同或比较不赞同。对被访者工作稳定感，即对"不担心会失业"的赞同程度的分析结果表明，从西部地区到东部地区，劳动者工作稳定感的均值呈下降趋势，即东部地区的劳动者对工作稳定感的赞同程度更高（见图 5-6）。

脑力劳动者群体和体力劳动者群体在工作稳定感差异方面的双样本 t 检验结果表明，职业群体下的劳动者工作稳定感差异显著，脑力劳动者群体显著高于体力劳动者群体（$t=3.0938$，$p=0.0010$），除东北部地区（$t=1.0196$，$p=0.1546$）以外，这种差异在各地区均具有显著性（见表 5-6）。

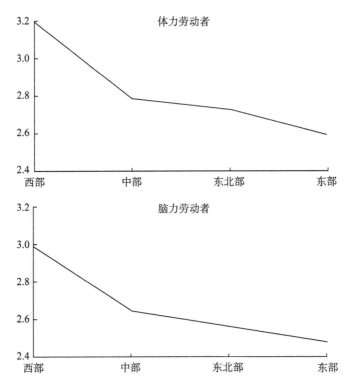

图 5 - 6　不同地区的体力劳动者和脑力劳动者
工作稳定感的均值差异

表 5 - 6　不同地区体力劳动者和脑力劳动者工作
稳定感均值差异的 t 检验

	体力劳动者 （人）	脑力劳动者 （人）	t 值 ［均值（体力）－ 均值（脑力）］	p
总样本	1741	1037	3.0938	0.0010 ***
西部地区	507	361	2.8258	0.0024 ***
中部地区	396	192	1.4951	0.0677 *
东北部地区	149	64	1.0196	0.1546
东部地区	689	420	1.7286	0.0421 **

注：* $p < 0.1$，** $p < 0.05$，*** $p < 0.01$。

（3）周工作时间

被访者的周工作时间平均约为 47 小时，标准差为 11 小时。所有群体的周工作时间均大于《中华人民共和国劳动法》建议的 40 小时。不到一半的劳动者周工作时间小于或等于 40 小时（44%），其中体力劳动者和脑力劳动者分别占 35% 和 52%，脑力劳动者的周工作时间低于体力劳动者。20% 的劳动者周工作时间大于 50 小时，其中体力劳动者占 24%，脑力劳动者占 13%。

各地区的体力劳动者周工作时间均高于脑力劳动者，东部地区的体力劳动者相对于其他地区的体力劳动者周工作时间更长，周工作时间与地区发达程度有一定相关性（见图 5 - 7）。

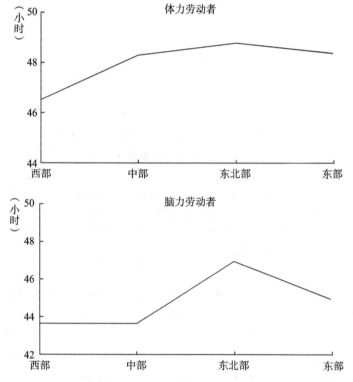

图 5 - 7　不同地区体力劳动者和脑力劳动者周工作时间的均值差异

相比体力劳动者，脑力劳动者均报告了相对较少的周工作时间，

t 检验表明两个群体的差异具有显著性（$t = 8.1476$，$p = 0.0000$），这种差异表现在除东北部地区以外的各个地区（见表 5 - 7）。

表 5 - 7 不同地区体力劳动者和脑力劳动者周工作时间均值差异的 t 检验

	体力劳动者（人）	脑力劳动者（人）	t 值 [均值（体力）－均值（脑力）]	p
总样本	1772	1047	8.1476	0.0000***
西部地区	510	365	3.9668	0.0000***
中部地区	410	194	4.6187	0.0000***
东北部地区	155	69	1.0273	0.1527
东部地区	697	419	5.2715	0.0000***

注：* $p < 0.1$，** $p < 0.05$，*** $p < 0.01$。

3. 生活因素的职业与地区差异

（1）社区活动参与满意度

该题项的得分越低，表示越满意，在社区活动参与满意度方面，表达不满意的劳动者在体力劳动者群体和脑力劳动者群体中分别占 10% 和 9%，满意的比例分别为 33% 和 42%，表达一般的比例分别为 57% 和 50%。劳动者的社区活动参与满意度在地区方面并未呈现明显的变化趋势，中部地区的体力劳动者表达的满意度最低（见图 5 - 8）。

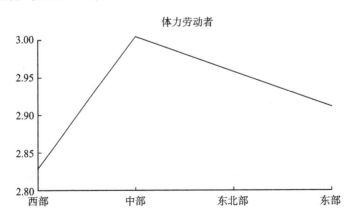

体力劳动者

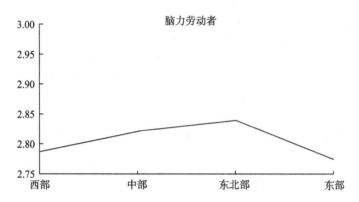

**图 5 - 8　不同地区体力劳动者和脑力劳动者社区活动
参与满意度的均值差异**

从 t 检验来看，脑力劳动者和体力劳动者的差异具有显著性（$t = 2.3857$，$p = 0.0086$），中部地区和东部地区脑力劳动者社区活动参与满意度均显著高于体力劳动者（见表 5 - 8）。

**表 5 - 8　不同地区体力劳动者和脑力劳动者社区活动参与
满意度均值差异的 t 检验**

	体力劳动者（人）	脑力劳动者（人）	t 值 [均值（体力） - 均值（脑力）]	p
总样本	1531	918	2.3857	0.0086 ***
西部地区	413	301	0.6359	0.2625
中部地区	356	170	1.8283	0.0340 **
东北部地区	139	57	0.8799	0.1900
东部地区	623	390	1.3483	0.0889 *

注：* $p < 0.1$，** $p < 0.05$，*** $p < 0.01$。

（2）社交活动参与满意度

社交活动参与是个体生活的重要方面，该题项得分越低表示越满意。表达不满意的劳动者在体力劳动者和脑力劳动者中分别占 10% 和 9%，满意的比例分别为 33% 和 42%，一般的比例分别为 57% 和 50%。得分情况表明，脑力劳动者社交活动参与满意度显著高于体力劳动者，西部地区的劳动者社交活动参与满意度低于东部地区，中部地区的满意度最低（见图 5 - 9）。

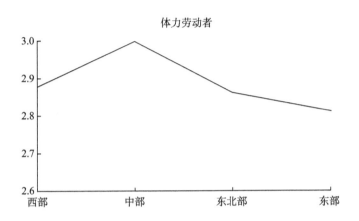

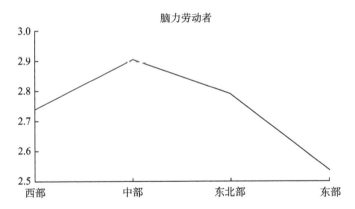

图 5 - 9　不同地区体力劳动者和脑力劳动者社交活动参与
满意度的均值差异

脑力劳动者和体力劳动者社交活动参与满意度差异具有显著性（$t = 3.8458$，$p = 0.0001$），从双样本 t 检验来看这种差异在东部地区（$t = 2.8630$，$p = 0.0021$）和西部地区（$t = 2.3075$，$p = 0.0106$）的职业群体之间是显著的（见表 5 - 9）。

表 5 – 9　不同地区体力劳动者和脑力劳动者社交活动参与
满意度均值差异的 *t* 检验

	体力劳动者 （人）	脑力劳动者 （人）	*t* 值 ［均值（体力）– 均值（脑力）］	*p*
总样本	1576	958	3.8458	0.0001 ***
西部地区	443	331	2.3075	0.0106 **
中部地区	361	175	0.9370	0.1746
东北部地区	138	61	0.6535	0.2571
东部地区	634	391	2.8630	0.0021 *

注：* *p* < 0.1, ** *p* < 0.05, *** *p* < 0.01。

（3）通勤时间

被访者的平均通勤时间为 29 分钟。大约一半的劳动者的通勤
时间小于 30 分钟（48%），其中体力劳动者和脑力劳动者分别占
51% 和 44%。约 10% 的劳动者通勤时间大于 1 小时，其中体力劳
动者和脑力劳动者分别占 10%。西部地区的通勤时间明显少于东
部地区（见图 5 – 10）。

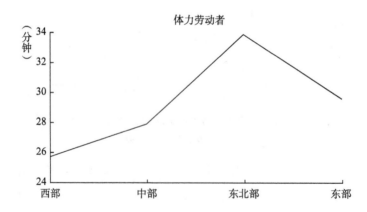

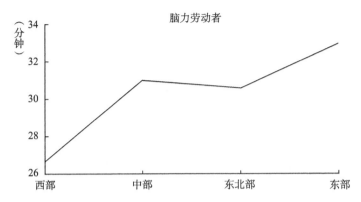

图 5 – 10　不同地区体力劳动者和脑力劳动者通勤时间的均值差异

通过对不同地区体力劳动者和脑力劳动者通勤时间的差异进行比较，发现脑力劳动者的通勤时间显著高于体力劳动者（$t = -2.5860$，$p = 0.0049$），在中部地区和东部地区两群体的差异具有显著性（见表 5 – 10）。

表 5 – 10　不同地区体力劳动者和脑力劳动者通勤时间均值差异的 t 检验

	体力劳动者（人）	脑力劳动者（人）	t 值 [均值（体力）－ 均值（脑力）]	p
总样本	1770	1046	− 2.5860	0.0049 ***
西部地区	509	365	− 1.0469	0.1477
中部地区	410	194	− 1.8419	0.0330 **
东北部地区	155	68	1.2693	0.8972
东部地区	696	419	− 2.8011	0.0026 ***

注：* $p < 0.1$，** $p < 0.05$，*** $p < 0.01$。

对就业环境因素、工作环境因素、生活因素等自变量与地区和职业关系的呈现，主要目的是探讨回归分析中自变量之间的交互效应，讨论地区分割和职业分割在以上三个方面的表现。主要的结果从直观上表明：①西部地区的劳动者在就业环境因素、工作环境因素、生活因素等各方面的满意度均低于东部地区的劳动者，这种影响较为明显；②职业对工作环境因素中的工作支持感、周工作时间，以及生活因素的通勤时间影响显著，在工作支持感和周工作时间等方面，脑力劳动者的工作支持感优于体力劳动者，而体力劳动者的通勤时间显著地少于脑力劳动者。

（二）工作生活平衡的影响因素模型

对连续变量工作生活平衡度作为因变量是否适于应用线性回归进行分析，就线性回归和最小二乘法的无偏和有效估计应符合的一般条件进行检验。对因变量进行正态分布检验，Shapiro-Wilk 的偏态和峰态检验结果（$chi^2 = 17.20$，$p = 0.0002$）和 Jacque-Bera 正态分布统计量的检验结果（$z = 4.006$，$p = 0.0000$）均表明因变量呈现非正态分布。对变量的异方差性采用怀特检验，结果表明拒绝原假设（$chi^2 = 115.16$，$p = 0.0276$），表明变量有较大的可能存在异方差性。对自变量的多重共线性进行方差膨胀因子（VIF）检验，结果表明自变量的多重共线性在可控范围之内（所有自变量的 VIF < 2），通过多重共线性检验（见表 5 - 11）。

表 5 - 11　线性回归的基本条件检验

检验项	检验方法	统计量	p
正态分布	Shapiro-Wilk	$chi^2 = 17.20$	0.0002 ***
	Jacque-Bera	$z = 4.006$	0.0000 ***
异方差性	White	$chi^2 = 115.16$	0.0276 **
多重共线性	Collin 方差膨胀因子检验	VIF < 2	

注：** $p < 0.05$，*** $p < 0.01$。

对工作生活平衡度这个连续变量来说，采用古典线性回归、最小二乘法进行无偏估计很难实现，因为连续变量工作生活平衡度呈非正态分布，自变量的异方差性难以消除。因而以工作生活平衡度的中位数（2.54）为界限，将其转化为二分变量高/低工作生活平衡程度，以 0 代表低平衡程度，1 代表高平衡程度，采用最大似然估计、使用 Logistic 回归拟合数据。

1. 相关分析

通过散点图和相关系数矩阵考察各自变量与因变量之间的相关关系。图 5 - 11 描绘了主要的自变量和工作生活平衡程度（二分变量）的关系，横轴为自变量的变化（除家庭收入以外，自变量均转化为分类变量），纵轴为工作生活平衡程度（高/低）的均值变化。

从图中可以看到地区、劳动权益保护、就业机会、工作稳定感、社区活动参与满意度和社交活动参与满意度等变量与工作生活平衡程度均值有相关关系。特别是地区，从西部地区到东部地区，工作生活平衡程度均值依次上升。

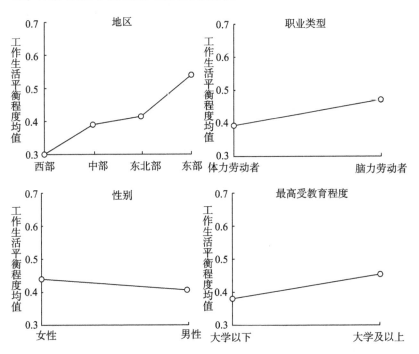

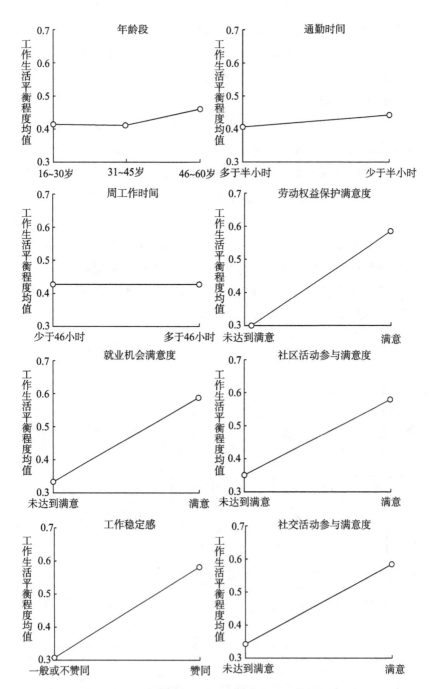

图 5-11　自变量和工作生活平衡程度均值的散点图

进一步分别列出工作生活平衡为连续变量和二分变量的相关关系矩阵（见表 5 – 12）。工作生活平衡度作为连续变量是各题项的等权平均所获得的连续值，分值越大，平衡度越低；以工作生活平衡度的中值为界限，数值小于中值即认为具有较高的平衡程度，大于中值则认为被试者的工作生活平衡程度较低，将工作生活平衡度划分为高平衡程度和低平衡程度，转化为二分变量。上文已经论述，针对连续变量的简单线性回归并不适用于本数据，最终使用工作生活平衡程度的二分变量进行 Logistic 回归。

通过比较两种因变量类型下各变量的相关系数矩阵（见表 5 – 12 第 1 列和第 2 列），可以发现，无论因变量为何种形式，均与劳动者的就业机会满意度（$r_{continuous} = -0.2950$，$r_{categorical} = 0.2426$）、劳动权益保护满意度（$r_{continuous} = -0.3242$，$r_{categorical} = 0.3027$）、工作支持感（$r_{continuous} = -0.3732$，$r_{categorical} = 0.3092$）、工作稳定感（$r_{continuous} = -0.3176$，$r_{categorical} = 0.2722$）、社区活动参与满意度（$r_{continuous} = -0.2628$，$r_{categorical} = 0.2203$）、社交活动参与满意度（$r_{continuous} = -0.2414$，$r_{categorical} = 0.2302$）、地区（$r_{continuous} = -0.2411$，$r_{categorical} = 0.2097$）等自变量具有相对较强的相关关系，这种情况在两种类型的因变量中具有一致性。

因变量与职业类型（$r_{continuous} = -0.1095$，$r_{categorical} = 0.0773$）、最高受教育程度（$r_{continuous} = -0.0756$，$r_{categorical} = 0.0709$）、家庭月收入（$r_{continuous} = -0.0921$，$r_{categorical} = 0.0652$）、性别（$r_{continuous} = 0.0381$，$r_{categorical} = -0.0331$）、通勤时间（$r_{continuous} = -0.0534$，$r_{categorical} = 0.0364$）等变量均呈现弱相关关系，这在两种类型的工作生活平衡变量中具有一致性。观察以上自变量与因变量之间不同程度的相关关系，有助于理解后续回归分析中如何纳入和删除某些变量。

但是，工作生活平衡作为连续变量和二分变量与自变量的相关性也有差异。连续变量工作生活平衡度与周工作时间的相关系数（$r_{continuous} = -0.0391$）和年龄段的相关系数（$r_{continuous} = -0.0482$）显著，二分变量工作生活平衡程度与周工作时间（$r_{categorical} = -0.0043$）和年龄段（$r_{categorical} = 0.0268$）的相关系数却不显著，这说明在从连续变量向二分变量转化的过程中可能减少了一些信息。然而，信息缺失的程度较低，属于可以接受的范围。

观察自变量间的相关关系可以发现，劳动权益保护满意度和就业机会满意度之间的相关系数（$r = 0.3083$）、社区活动参与满意度和社交活动参与满意度之间的相关系数（$r = 0.3984$）、职业类型和最高受教育程度之间的相关系数（$r = 0.3583$）相对较高，应注意回归中自相关的可能性，或验证自变量之间的交互效应。

总体而言，通过相关分析我们发现，第一，新生成的二分变量工作生活平衡程度较好地保留了初始连续变量工作生活平衡度的信息，因变量与自变量之间的相关关系被较好地保留。第二，因变量与研究选取的自变量有不同程度的相关关系，这为后续的回归分析提供了依据，一方面有助于回归模型纳入或删除某些变量，另一方面在回归模型中应当发掘变量之间的相关关系是真实的，还是背后有其他因素的干扰。第三，自变量中劳动权益保护满意度和就业机会满意度、社区活动参与满意度和社交活动参与满意度、职业类型和最高受教育程度的相关系数较高，在回归分析中应当考虑多重共线性或交互效应的可能性。依据本研究的数据，劳动权益保护满意度和就业机会满意度、社区活动参与满意度和社交活动参与满意度在回归模型中有很大可能会产生多重共线性而非交互效应，职业类型和最高受教育程度则有多重共线性和交互效应两种可能性，因此应当进行验证。

2. 二元 Logistic 回归

根据描述性统计和相关分析的结果，进行总体样本的回归分析。使用 Logistic 回归模型，把事件发生的情况定义为 1，即被访者有较高的工作生活平衡程度，事件未发生的情况定义为 0，即被访者的工作生活平衡程度较低。

表 5-12 工作生活平衡作为连续变量/二分变量与自变量的相关系数

	工作生活平衡程度（连续）	工作生活平衡程度（高/低）	就业机会满意度	劳动权益保护满意度	工作支持感	工作稳定感	周工作时间	通勤时间	社区活动参与满意度	社交活动参与满意度	地区	职业类型	最高受教育程度	性别	年龄段	家庭月收入
就业机会满意度	-0.2950*	0.2426*	1.0000													
	0.0000	0.0000														
劳动权益保护满意度	-0.3242*	0.3027*	0.3083*	1.0000												
	0.0000	0.0000	0.0000													
工作支持感	-0.3732*	0.3092*	0.1166*	0.1873*	1.0000											
	0.0000	0.0000	0.0000	0.0000												
工作稳定感	-0.3176*	0.2722*	0.2012*	0.1925*	0.2164*	1.0000										
	0.0000	0.0000	0.0000	0.0000	0.0000											
周工作时间	-0.0391*	-0.0043	-0.0787*	-0.0411*	0.0005	-0.0277	1.0000									
	0.0377	0.8200	0.0000	0.0291	0.9770	0.1420										
通勤时间	-0.0534*	0.0364*	-0.0392*	-0.0068	0.0430*	-0.0271	0.0279	1.0000								
	0.0046	0.0533	0.0370	0.7170	0.0222	0.1500	0.1380									
社区活动参与满意度	-0.2628*	0.2203*	0.2531*	0.2498*	0.1346*	0.1653*	-0.0422*	-0.0763*	1.0000							
	0.0000	0.0000	0.0000	0.0000	0.0000	0.0000	0.0250	0.0000	0.0000							

续表

	工作生活平衡程度（连续）	工作生活平衡程度（高/低）	就业机会满意度	劳动权益保护满意度	工作支持感	工作稳定感	周工作时间	通勤时间	社区活动参与满意度	社交活动参与满意度	地区	职业类型	最高受教育程度	性别	年龄段	家庭月收入
社交活动参与满意度	-0.2414*	0.2302*	0.2166*	0.2183*	0.1035*	0.1426*	-0.0260	-0.0178	0.3984*	1.0000						
	0.0000	0.0000	0.0000	0.0000	0.0000	0.0000	0.1680	0.3440	0.0000							
地区	-0.2411*	0.2097*	0.1723*	0.1155*	0.1481*	0.1468*	-0.1058*	-0.0801*	0.1590*	0.1460*	1.0000					
	0.0000	0.0000	0.0000	0.0000	0.0000	0.0000	0.0000	0.0000	0.0000	0.0000						
职业类型	-0.1095*	0.0773*	0.0417*	0.0455*	0.0898*	0.0473*	0.1569*	-0.0629*	0.0641*	0.0832*	-0.0256	1.0000				
	0.0000	0.0000	0.0268	0.0155	0.0000	0.0120	0.0000	0.0008	0.0007	0.0000	0.1730					
最高受教育程度	-0.0756*	0.0709*	0.0150	0.0289	0.1155*	0.0705*	0.1432*	-0.0764*	0.0993*	0.1093*	0.0859*	0.3583*	1.0000			
	0.0001	0.0002	0.4250	0.1260	0.0000	0.0002	0.0000	0.0000	0.0000	0.0000	0.0000	0.0000				
性别	0.0381*	-0.0331	-0.0596*	-0.0228	0.0169	0.0043	-0.0734*	0.0241	-0.0230	-0.0070	-0.0221	-0.0841*	-0.0230	1.0000		
	0.0431	0.0785	0.0015	0.2260	0.3680	0.8200	0.0001	0.2010	0.2220	0.7110	0.2410	0.0000	0.2220			
年龄段	-0.0482*	0.0268	0.0419*	0.0319	-0.0083	0.0966*	0.0165	-0.0230	0.0250	0.0059	0.0302	-0.0773*	-0.2552*	0.1220*	1.0000	
	0.0105	0.1560	0.0264	0.0905	0.6600	0.0000	0.3820	0.2240	0.1860	0.7540	0.1100	0.0000	0.0000	0.0000		
家庭月收入	-0.0921*	0.0652*	0.0524*	0.0269	0.0715*	0.0858*	-0.0117	-0.0773*	0.1099*	0.0688*	0.2079*	0.0685*	0.1817*	-0.0268	-0.0299	1.0000
	0.0000	0.0013	0.0095	0.1830	0.0004	0.0000	0.5640	0.0001	0.0000	0.0007	0.0000	0.0007	0.0000	0.1850	0.1410	

Logistic 模型关注事件发生的概率 p，但 p 的变化过于微小，难以估计，因而方程本身并不以概率 p 为因变量研究，而是以 p 的单调函数 $G(p) = logit(p)$ 研究。我们得出以下两个公式：

$$logit(p) = \mathrm{Ln} \frac{p}{1-p}$$

$$\mathrm{Ln} \frac{p}{1-p} = \beta^T X$$

其中 $\frac{p}{1-p}$ 被称为发生比（odds），其以对数形式出现，因此 $logit(p)$ 被称为对数发生比，它反映了事件发生和不发生的概率比，在本书中即高工作生活平衡程度发生的概率与低工作生活平衡程度发生的概率之比的以 e 为底的对数。因此，Logistic 模型可以用以下两种公式代表：

$$f(p) = \frac{e^p}{1+e^p} = \frac{e^{\beta_0 + \beta_1 x_1 + \beta_2 x_2 + \beta_3 x_3 + \beta_4 x_4}}{1 + e^{\beta_0 + \beta_1 x_1 + \beta_2 x_2 + \beta_3 x_3 + \beta_4 x_4}}$$

或

$$E(y) = logit(p) = \beta_0 + \beta_1 x_1 + \beta_2 x_2 + \beta_3 x_3 + \beta_k x_k$$

由于系数为对数，故不能像线性回归那样将其直接解释为自变量对因变量的影响程度。只有将其转换为优势比（odds ratio）后，系数才更有明确的意义。当自变量为二分变量时（发生/是 $=1$，记为 p_1；不发生/否 $=0$，记为 p_0），则 Logistic 回归中的系数为是/否的对数值。将系数转化为优势比可以直接比较组间差异以及自变量对因变量的影响程度，或解释为"发生比之比"。转化公式为：

$$OR = \frac{p_1/1-p_1}{p_0/1-p_0}$$

对于本研究，具体的模型公式如下：

$$\mathrm{Ln}\,\frac{p}{1-p} = \beta_0 + \beta_1 x_{\text{就业机会满意度}} + \beta_2 x_{\text{劳动权益保护满意度}} + \beta_3 x_{\text{工作支持感}} +$$

$$\beta_4 x_{\text{工作稳定感}} + \beta_5 x_{\text{周工作时间}} + \beta_6 x_{\text{通勤时间}} + \beta_7 x_{\text{社区活动参与满意度}} +$$

$$\beta_8 x_{\text{社交活动参与满意度}} + \beta_9 x_{\text{地区}} + \beta_{10} x_{\text{职业类型}} + \beta_{11} x_{\text{最高受教育程度}} +$$

$$\beta_{12} x_{\text{性别}} + \beta_{12} x_{\text{年龄段}} + \beta_{13} x_{\text{家庭月收入}} + \beta_{14} x_{\text{婚姻状况}}$$

根据以上公式，使用 Stata 软件共拟合了 5 个嵌套模型，表 5-13 输出了工作生活平衡回归分析嵌套模型的 OR 值和 t 值，并标注了显著性水平。

表 5-13　工作生活平衡程度（高/低）的回归分析（输出 OR 值和 t 值）

工作生活平衡程度（高/低）	模型（1）	模型（2）	模型（3）	模型（4）	模型（5）
就业机会满意度（满意）	1.650	1.605	1.612	1.608	1.610
	(4.74)****	(4.86)****	(4.92)****	(4.91)****	(4.92)****
劳动权益保护满意度（满意）	2.197	2.222	2.220	2.200	2.201
	(7.92)****	(8.73)****	(8.74)****	(8.66)****	(8.67)****
工作支持感（赞同）	2.858	2.738	2.686	2.678	2.712
	(10.46)****	(10.94)****	(10.82)****	(10.84)****	(11.02)****
工作稳定感（赞同）	2.005	1.951	1.974	1.977	1.984
	(7.01)****	(7.34)****	(7.55)****	(7.59)****	(7.63)****
周工作时间（少于 46 小时）	1.169	1.213	1.216	1.206	1.240
	(1.55)	(2.11)**	(2.15)**	(2.08)**	(2.43)**
通勤时间（少于半小时）	1.332	1.302	1.309	1.325	1.312
	(2.94)***	(2.96)***	(3.03)***	(3.18)***	(3.08)***
社区活动参与满意度（满意）	1.213	1.327	1.330	1.347	1.350
	(1.72)*	(2.75)***	(2.77)***	(2.91)***	(2.94)***
社交活动参与满意度（满意）	1.680	1.692	1.680	1.665	1.683
	(4.69)****	(5.15)****	(5.09)****	(5.02)****	(5.14)****
中部地区	1.498	1.393	1.444	1.418	1.398
	(2.98)***	(2.62)***	(2.93)***	(2.79)***	(2.68)***

工作生活平衡程度（高/低）	模型（1）	模型（2）	模型（3）	模型（4）	模型（5）
东北部地区	1.815	1.769	1.798	1.771	1.746
	(3.13)***	(3.27)***	(3.38)****	(3.29)****	(3.22)***
东部地区	2.451	1.982	2.002	1.971	1.950
	(7.32)****	(6.25)****	(6.36)****	(6.26)****	(6.17)****
职业类型（脑力劳动者）	1.142	1.168	1.189	1.177	
	(1.23)	(1.58)	(1.77)*	(1.77)*	
最高受教育程度（大学及以上）	1.004	0.967	0.964		
	(0.03)	(−0.33)	(−0.38)		
性别（男性）	0.800	0.867			
	(−2.29)**	(−1.60)			
年龄段（31~45岁）	0.765	0.885			
	(−2.14)**	(−1.23)			
年龄段（46~60岁）	0.871	1.066			
	(−0.90)	(0.50)			
家庭月收入	1.000				
	(−0.46)				
婚姻状况（已婚）	1.124				
	(0.83)				
N	2416	2807	2819	2825	2825
pseudo R^2	0.207	0.190	0.188	0.187	0.186
df_m	18.000	16.000	13.000	12.000	11.000
chi^2	683.471	723.177	721.097	719.453	716.342

注：$^{\dagger}p<0.10$，$^{*}p<0.05$，$^{**}p<0.01$，$^{***}p<0.001$。

首先，模型（1）纳入了所有选取的自变量，职业、婚姻状况、家庭月收入和最高受教育程度等自变量不显著，而性别、年龄段显著，男性获得高平衡程度而不是低平衡程度的概率比女性低20%，年龄在31~45岁的劳动者获得高平衡程度的优势比比年龄在16~30岁的劳动者低23%。

进一步尝试使用嵌套模型使回归模型更加简洁，5 个嵌套模型依次减少了婚姻状况、家庭月收入、年龄段、性别和最高受教育程度等自变量，逐步剔除对工作生活平衡影响较小的变量，最终获得模型（5）。我们将模型（5）与模型（4）和模型（1）的拟合优度进行比较（见表 5 - 14）。

表 5 - 14　Logistic 回归嵌套模型拟合优度比较

	模型（5）Logistic	模型（1）Logistic	模型（4）Logistic
N	2825	2416	2825
对数截距模型（Log-Lik Intercept Only）	- 1921	- 1653	- 1921
全对数模型（Log-Lik Full Model）	- 1563	- 1311	- 1561
D 值	3125.685（2813）	2621.693（2397）	3122.574（2812）
LR 值	716.342（11）	683.471（18）	719.453（12）
Prob > LR	0.0000	0.0000	0.0000
McFadden's R^2	0.186	0.207	0.187
McFadden's 调整 R^2	0.180	0.195	0.180
ML（Cox-Snell）R^2	0.224	0.246	0.225
Cragg-Uhler（Nagelkerke）R^2	0.301	0.331	0.302
McKelvey & Zavoina's R^2	0.298	0.330	0.300
Efron's R^2	0.257	- 0.0230	0.234
y^* 方差	4.689	4.910	4.697
标准误	3.290	3.290	3.290
计数 R^2	0.719	0.726	0.718
调整计数 R^2	0.329	0.367	0.327
AIC	1.115	1.101	1.115
AIC × n	3150	2660	3149
BIC	- 19227	- 16051	- 19222
BIC'	- 628.9	- 543.3	- 624.1
BIC 值	3221	2770	3226

	模型（5） Logistic	模型（1） Logistic	模型（4） Logistic
AIC 值	3150	2660	3149

模型（1）虽然比模型（5）的调整 R^2 高 2%，但多耗费了 7 个自由度，且 BIC 值反而比模型（5）高 3176[1]，可见模型（5）在简洁性方面优于模型（1）。模型（4）与模型（5）相比，多耗费了 1 个自由度，解释 R^2 与模型（5）持平，BIC 值比模型（5）高 5，通过模型比较的卡方检验，发现模型（5）在拟合优度上显著高于模型（4），可见模型（5）在简洁性和解释力方面均优于模型（4）。模型（5）较少的自由度，解释了 18% 的方差变异，为最优模型。

根据最优模型（5）的拟合结果，我们看到地区是社会经济发展环境的重要反映，以西部地区的劳动者为基线，中部地区、东北部地区、东部地区的劳动者达到平衡的优势比依次为 1.4、1.7 和 2.0，即这三个地区与西部地区相比，劳动者出现高工作生活平衡程度与出现低工作生活平衡程度的发生比之比分别为 1.4 倍、1.7 倍和 2.0 倍。可见在控制其他变量的情况下，从东部地区到西部地区，劳动者达到高工作生活平衡程度的发生概率逐次降低。

职业差异并不具有显著性，脑力劳动者和体力劳动者的工作生活平衡程度不存在显著差异，这在模型（1）中已经有所体现，值得注意的是，最高受教育程度和家庭月收入对工作生活平衡的影响均不具有显著性，结合上一章的结果，可以认为社会阶层地位对工作生活平衡的影响较弱。

就业环境因素中就业机会满意度和劳动权益保护满意度与工作生活平衡程度的关系具有显著性。从表 5 – 13 模型（5）的优势比数值来看，在保持其他条件不变的情况下，对就业机会满意的

---

① BIC 值 = − 16051 − （ − 19227）= 3176。

群体达到较高的平衡程度的优势比是对就业机会未达到满意的群体的 1.6 倍，即就业机会满意的群体达到高平衡程度的发生比高于未达到满意群体的 60%。对于劳动权益保护满意度来说，表达满意的群体达到较高平衡程度的优势比是 2.2。

从工作环境因素来看，工作支持感、工作稳定感对工作生活平衡程度的影响具有显著性，赞同在工作场所能够获得领导和同事支持的劳动者获得高平衡程度的发生比为未赞同的劳动者的 2.7 倍，赞同自身不担心失业、工作具有稳定感的劳动者达到高平衡程度的发生比是缺乏稳定感的劳动者的 2 倍。周工作时间少于 46 小时的劳动者获得高平衡程度的概率比多于 46 小时的劳动者高 24%。

从生活因素来看，对社区活动参与感到满意的劳动者，高平衡程度的发生比比不感到满意的劳动者高 35%；对社交活动参与感到满意的劳动者，高平衡程度的发生比比不感到满意的劳动者高 68%，表明社区活动参与满意度和社交活动参与满意度显著地影响了劳动者的工作生活平衡程度——参与较多的群体更有可能获得较高的平衡程度。通勤时间少于半小时的劳动者，其获得高程度的工作生活平衡的发生比比通勤时间多于半小时的劳动者高 31%。

四　分析与讨论

我们的研究假设基本得到了验证。首先，本章的结果支持上一章节有关地区分割和职业分割的结论。劳动者的职业差异并未给劳动者工作生活平衡带来较为明显的影响。模型比较结果显示职业类型变量的解释力较弱，应予以剔除，① 职业类型变量在全模

———————

① 见表 5-13 模型（4）和模型（5）的比较结果。

型中也并不显著。① 尽管在描述性分析中，脑力劳动者的工作生活平衡程度均值高于体力劳动者，但这种差距并非来自职业分割效应。上一章的混合效应模型发现，地区分割对劳动者工作生活平衡的影响较强，职业分割效应对其工作生活平衡的影响相对较弱。二元 Logistic 回归模型的结果也表明，相对于地区分割，职业分割在工作生活平衡程度上的效应较小，而地区分割则带来了工作生活平衡程度的差距。

职业分割在工作生活平衡问题上并未得到体现，这也回应了本书最初对于劳动力市场中的优势阶层与劣势阶层的对比，脑力劳动者、知识劳动者、白领群体确实较少暴露出与用人单位的矛盾与冲突，但并不意味着他们在工作环境和就业质量的各层面处于优势地位，加班过多、通勤时间过长和工作压力过大是近十年来困扰大城市中脑力劳动者的重要问题，并且，非体力劳动者群体不断分化，内部存在明显的中心-边缘关系，已经很难将他们简单归结为社会的中产阶层或优势阶层，其工作环境也不能简单地概括为"好"环境。也有研究者认为贫穷的劳动者更难平衡工作与生活，因为他们会花更多的时间在工作上（McGinnity and Calvert，2009），但是同时，我们的研究没有发现收入对工作生活平衡的影响。

东部发达地区劳动者的工作生活平衡程度较高，这意味着整体社会文化环境，特别是就业环境对劳动者的影响较大，结合上一章的描述性分析，东部地区也就是发达地区的劳动者在工作总体满意度、工作自主性、工作投入与回报的适应程度、工作压力感等工作方面，以及健康状况满意度、生活压力满意度、家庭关系满意度、人际关系满意度等生活方面均表现出较好的状况，劳动者也更有可能有良性的工作-生活关系以及工作和生活两个领域的积极溢出。以往有研究也指出了劳动力市场环境对工作生活

---

① 见表 5-12 模型（1）的相关参数。

平衡的影响，例如强资本、弱劳工的就业环境使劳动者更容易面临工作－生活冲突问题（梁宝霖，2014）。因此，就业环境和社会环境的发展对劳动者工作生活平衡十分重要，改善整体就业环境对工作生活平衡有积极影响。

除地区分割效应外，我们发现就业环境因素中劳动者的劳动权益保护满意度和就业机会满意度影响工作生活平衡，因此，应重视法律保障的落实和就业机会保障，就业机会增加能够提高劳动者的谈判能力，降低劳动者选择劳动争议和抗争的成本，进而降低劳动者的工作压力、提高工作自主性，这是提高劳动者工作生活平衡的有效政策支持。

其次，无论是工作环境因素中的周工作时间，还是生活因素中的通勤时间，对工作生活平衡均有显著的影响，周工作时间少于46小时（平均水平）、通勤时间少于半小时（平均水平）的劳动者获得高平衡程度的概率发生比比对应的群体分别高24%和31%。时间控制仍然给劳动者带来较为强烈的感受，无论是固定工作制还是弹性工作制，工作时间的延长会给劳动者的工作生活平衡带来负面影响。通勤时间加长是城市劳动者面临的重要问题，通勤时间过长影响了劳动者的工作质量和生活质量，从而影响工作生活平衡程度。这与以往大部分研究保持一致，工作时间和通勤时间对劳动者的工作和生活状态有重要影响。例如，一项对北京市居民时间利用情况的调查报告就指出，2018年北京市劳动力人口的日均工作时间为8小时34分钟，通勤时间为1小时39分钟，在时间上工作对生活有明显挤占，北京市劳动者工作日平均出行半径为9.3公里，通勤压力居北上广深四城之首（腾讯，2017），通勤时间长导致了劳动者休息时间减少和生活满意度下降，还影响了劳动者的职住选择，如果地铁内通勤时间大于45分钟，就超过了劳动者可忍受的阈值，他们就会以缩短通勤时间为目的搬迁住地（Huang et al.，2018）。对于工作时间和通勤时间对工作生活平衡的影响，公共政策领域应当有所关注。加强劳动者权益保障、减少工作时间和通勤时间、推行弹性工作是我国提高劳动者工作生活平衡的重要举措。

最后，从个体因素来看，个体生活因素显著地影响了工作生活平衡。社区活动参与满意度和社交活动参与满意度影响工作生活平衡程度，主要的原因可能在于，一方面，活动参与有助于缓解工作压力、提高生活的主观满意度；另一方面，参与社区和社交活动能够使工作至上的理念获得改观，促进个体从活动参与而非工作回报中获取幸福感，因而影响了工作生活平衡。我们的研究结果证实了生活和家庭向工作的溢出，个体良好的生活质量与良好的工作质量具有相关性，因此，对工作质量和劳动关系的评价不应忽视个体的生活领域。

从人口学因素来看，二元 Logistic 回归模型的结果显示，受教育程度和收入对工作生活平衡的影响不具有显著性，分层次 Logistic 回归也表明收入提高也未体现出对工作生活平衡的显著影响。这可能因为收入和阶层地位较高的人群承担着更多的工作内容，显然也更加忙碌，因而不一定比低阶层的人更加平衡和幸福（McGinnity and Calvert，2009）。无论通过职业划分还是地区划分，收入都没有对工作生活平衡产生影响。性别和年龄对劳动者的工作生活平衡有一定影响，在控制其他变量的情况下，女性的工作生活平衡程度更高。这反映了性别作为重要的调节变量，体现着公平和平等，而非造成地区差距甚至不平等的因素。许多研究认为女性在工作生活平衡方面有更高要求，承担更多家庭责任，也更易面临工作和家庭的冲突（Chandra，2012；Maxwell and McDougall，2004）。但是，我们的数据显示，与以往研究中女性劳动者面临工作－生活冲突更加严重的情况不同，我国男性劳动者表示由工作时间过长导致的工作生活平衡问题更加严重，这可能由于在中国，为女性家庭支持和解决工作－生活冲突的组织策略发展较好，并且女性在出现工作－生活冲突的时候，会更加积极地向组织寻求帮助，并且更容易向组织表达自己的困难。

五　本章小结

本章继续讨论职业和地区对劳动者工作生活平衡的影响，并尝试建立工作生活平衡的综合影响模型，关注就业环境因素如劳动权益保护满意度和就业机会满意度、工作环境因素中的周工作时间、工作支持感、工作稳定感，生活因素如社交活动参与满意度、社区活动参与满意度以及个体的人口学因素等对工作生活平衡的影响。在对理论研究和实践问题进行分析的基础上提出了四个研究问题。第一，职业分割和地区分割对劳动者的工作生活平衡产生怎样的影响？第二，在职业和地区因素以外，就业环境因素如就业机会、法律对劳动权益的保护情况对劳动者工作生活平衡的影响是怎样的？第三，工作因素中传统的、以减少工作时间的方式促进工作生活平衡的策略在现代社会是否仍然有效？或者说，在信息化不断发展，工作方式日益灵活化、多样化的今天，工作时间控制是否仍然是工作生活平衡的重要影响因素？第四，生活因素如社区参与、社会互动和通勤时间对工作生活平衡产生怎样的影响？

第一，本章的结论发现职业类型、最高受教育程度、家庭月收入等反映劳动者客观社会阶层地位的因素对劳动者工作生活平衡影响较小。脑力劳动者的工作生活平衡程度与体力劳动者并无明显差异。受教育程度和收入对工作生活平衡的影响不具有显著性，这与职业和工作生活平衡不必然产生联系的结论一致，也就是说，脑力劳动者并不是如想象的处于平衡工作与生活的优势地位，客观社会阶层地位对劳动者的工作生活平衡影响较小。解释工作生活平衡问题，可能需要拓展传统的划分社会阶层、以社会阶层反映社会不平等的研究范式。体力劳动者和脑力劳动者在平衡程度上未表现出显著差异，这也回应了我们对劳动关系研究应增加对脑力劳动者关注的倡导。

　　第二，职业分类未表现出显著差异，但是就业环境中的其他就业质量因素，包括地区发展情况、劳动权益保障和就业机会提供对工作生活平衡有显著的影响，地区分割效应得到了验证，工作生活平衡的地区差异显著，表明社会经济环境发达的地区，工作和生活也更有可能处于和谐发展的状况。刘林平（2011）在解释劳动者工作状况和生活状况的"地域－社会－文化"的解释框架中也提到，综合的社会文化环境对工作生活平衡的影响较大。就业机会满意度、劳动权益保护满意度对工作生活平衡的显著影响支持了这一结论。

　　第三，工作环境因素中的工作支持感、工作稳定感、周工作时间对工作生活平衡有显著影响，这说明职业的影响可能更多体现在中观层次的工作环境上，因而在预测工作生活平衡方面，考虑组织的具体差异可能比考虑宏观的职业结构分层更加有效。劳动者的周工作时间的显著影响得到了验证，劳动的时间控制仍然持续地影响着劳动者的工作和生活。

　　第四，生活因素也能够影响劳动者的工作生活平衡，良好的生活质量与良好的工作质量有正向相关关系。这也证实了溢出理论，社区活动和社交活动的较好参与能够扩大个体的社会网络，积累社会资本，减少生活压力，进而能够使个体的工作领域处于较好的状态，从而带来良好的工作绩效。因此，家庭政策、健康休闲政策等的推行有利于劳动者在工作领域的表现和两个领域之间的平衡。通勤时间的显著影响也得到了验证。通勤时间加长是现代社会发展中的一个重要特点，从劳动者的工作生活平衡的角度，以及劳动者工作质量和生活质量提高的角度，都应积极采取措施减少劳动者的通勤时间。性别和年龄对劳动者的工作生活平衡有一定影响，但是性别对于缓解职业分割表现出积极作用，这说明，性别可能作为重要的调节变量，体现着公平和平等，而非造成工作生活平衡程度的差距甚至不平等的因素。

第六章　工作生活平衡社会政策：国际经验和中国发展

工作生活平衡是社会公平与福利的重要体现，在欧洲，劳动者工作生活平衡已经成为法律和公共政策非常关注的内容。出于保护劳动者权益、提高劳动者工作和生活质量、增加劳动者福利的考虑，欧洲部分国家逐步形成了系统性的弹性工作政策、家庭支持政策和休息休假政策等工作生活平衡政策。社会政策对劳动者的工作生活平衡的调节方式主要有两种，一方面，国家通过政府立法和出台政策的方式，对劳动者弹性工作、休息休假、家庭支持等权益进行保护，对劳动者的工作福利进行支持；另一方面，社会力量如社会组织、企业也在政策制定和执行过程中发挥作用。作为经济社会的微观主体，企业对工作生活平衡的社会政策完善也起到间接的推动作用，企业在追求利润和绩效的同时，也考虑社会责任的实现和劳动者的福祉。此外，社会伙伴关系（social partnership）、集体协商制度的发展成为劳动者工作生活平衡权利实现的又一重保障。本章对欧洲国家和我国工作生活平衡政策出台背景及政策内容进行归纳梳理，总结和分析二者在政策制度和具体实践上的异同，为我国工作生活平衡社会政策的发展提供参考。

一　欧洲国家工作生活平衡的社会政策发展

（一）欧洲国家工作生活平衡社会政策的发展背景

政策制度往往具有或体现着特定的社会诉求和功能，从世界范围来看，欧洲国家的工作生活平衡政策与制度经历了较长时间的发展历史，产生的社会背景也较为典型。20 世纪 60 年代是欧洲工作生活平衡政策的发展初期，大量女性劳动者涌入劳动力市场，但是女性面临工作和照顾家庭的时间和精力冲突。政策制定者们开始发现，缓解女性工作 – 家庭冲突能够促进女性就业，而促进女性就业有助于摆脱家庭贫困，促进男女平等，此外，还能够提高她们的工作和生活满意度（Crompton and Lyonette，2006），因此，社会政策发展开始面向改善欧洲女性劳动者的工作环境、平等就业以及缓解工作 – 家庭冲突等问题不断努力（Lewis, Gambles, and Rapoport，2007）。不过，虽然欧盟颁布了一系列的就业战略和就业指导方针以改善欧盟成员国的就业问题，但是工作 – 生活冲突问题没有得到根本缓解（邱雅静，2015）。

20 世纪 90 年代，欧洲的工业社会开始向后工业社会转型，欧洲的传统企业面对着更加激烈的市场竞争环境，生存压力大大上升，这种压力自然地传导到员工身上，导致工作要求的提高，与此同时，人口老龄化是欧洲国家面临的严峻问题，欧盟 2004 年统计数据显示，欧盟的人口抚养比从 1960 年的 29.3% 增长到 2003 年的 40.6%，预计到 2050 年，这一比例会增长到 66%，人口老龄化率过高和生育率过低已经成为不争事实。从劳动力市场角度来看，劳动力供给会受到影响，同时兼职劳动者会增多；从社会角度来看，将会导致整个社会缺乏足够的人口和充足的时间去照顾老人和兼顾家庭，这意味着政府需要介入劳动者工作生活平衡的原有体系，实现社会更好的发展（岳经纶、颜学勇，2013）。

经过一段时间的发展，欧洲逐步形成了较为系统的平衡工作与生活的政策体系，社会政策主要面向两个问题：女性就业和兼职工作问题。欧洲生活与工作环境改善组织（European Foundation for the Improvement of Living and Working Conditions, Eurofound）的 6 次欧洲工作环境调查（European Working Conditions Survey, EWCS）以及 3 次欧洲企业调查（ECS）中，从 2010 年第 5 次开始准确加入工作生活平衡模块，数据涵盖欧洲 28 国，通过对不同国家的劳动者群体进行工作生活平衡状况的比较，为推动欧洲工作生活平衡公共政策制定提供了依据（Eurofound，2017）。1995 年至 2015 年的历次欧洲工作环境调查数据显示，希腊、英国与荷兰的劳动者在内在工作质量方面的良好物理工作环境这个指标上，呈现明显上升趋势。其中，女性劳动者反映出的上升趋势是男性劳动者的一倍之多（邱雅静，2015），可以看到，欧洲国家工作生活平衡公共政策的制定回应了迫切的现实需求。

（二）欧洲国家工作生活平衡社会政策的五大领域

自 1968 年联合国第一届国际社会福利部长会议提出"发展型社会福利"的观点，以及 20 世纪 80 年代加州大学伯克利分校的詹姆士·梅志里提出"发展型社会政策"的概念之后，20 世纪 90 年代中期以来，OECD 国家实施了一系列工作生活平衡社会政策，包括儿童教育和服务、针对双职工父母的弹性工作时间和亲子假期以及鼓励单亲父（母）寻找工作等，这被称为"积极的社会政策"。有研究者将欧洲工作生活平衡政策划分为工作政策、休假政策和员工支持政策，其中工作政策主要包括弹性工作时间政策、兼职工作政策、远程工作政策、弹性工作政策和弹性退休政策，休假政策主要包括产假、陪产假、亲子假等公共政策，员工支持政策则包含托儿服务、健康服务、员工福利热线等项目（岳经纶、颜学勇，2013）。借鉴以上划分标准，本章将欧洲工作生活平衡社会政策分为工时缩减政策、弹性工作政策、休息休假政策、工作与家庭平衡支持政策以及工作与健康/休闲平衡支持政策五个方面。

1. 工时缩减政策

劳动者的工作－生活冲突很大程度上是由过长的工作时间造成的，缩短工作时间是促进工作生活平衡的快速有效手段。欧洲在缩短工作时间上的努力已经有百年历史，1919 年国际劳工组织发布了《（工业）工作时间公约》，确立了"8 小时工作日，48 小时工作周"的原则，随后该公约被推广到商业和办公室中。1935年，国际劳工组织进一步提出了 40 小时工作周新标准。为了保证劳工工作的安全和健康，欧盟在 1993 年通过了《工作时间导则》（Working Time Directive），对成员国雇员的工作时间进行了管制性规定。2003 年修订后，《工作时间导则》进一步强调了成员国雇员能够享受的权利，包括：①实行有限的周工作时间，包括任何形式的加班在内，平均每周不能工作超过 48 小时；②每工作 24 小时应得到最少连续 11 小时的日休息时间；③在每天 11 小时休息时间以外，每 7 天至少要有 24 小时的不间断休息时间；④实行每年 4 周的带薪年假；⑤对晚班工作提供额外保护。从统计数据来看，自20 世纪 70 年代以来，OECD 国家工人的年均工作时间从 1970 年的1981 小时下降到了 2010 年的 1775 小时，员工的年均工作时间在不断减少（岳经纶、颜学勇，2013）。

欧洲国家缩短工时的政策主要有三个目标：①将全职工作劳动者的周工作时间减少到低于传统标准的 40 小时；②保证劳动者每年有足够数量的工作场所外的带薪休息时间；③提高兼职工作的工作质量及兼职工作对劳动者的适用性（Gornick and Heron，2006）。从 2015 年第 6 次欧洲工作环境调查的数据来看，大部分欧洲国家的周工作时间低于 40 小时，其中土耳其劳动者的周工作时间最长，约 50 小时，平均周工作时间高于 40 小时的还有捷克、希腊、塞尔维亚、罗马尼亚、保加利亚、蒙特内格罗等国家，而比利时（35 小时）、法国（38 小时）、丹麦（36 小时）、挪威（35小时）、瑞士（36 小时）等国家的周工作时间均低于 40 小时，荷兰劳动者的周工作时间在 OECD 国家中最低，仅为 30 小时。经过20 年左右的发展，欧洲国家劳动者的工作时间已经大大减少。

欧洲国家和超国家层面工时缩减政策的制定机制具有多样性，这体现在，欧盟出台的工作环境相关导则允许成员国通过立法、社会伙伴（代表雇主和工人的团体）或两者的某种组合达成正式协议来缩减工时，也就是说，欧洲国家的工时缩减通常由劳动法和集体协议组合管理。在法国和意大利，劳动法的工时约束占主导地位，在法国，主要通过州立法缩短工作时间（McGinnity and Calvert，2009）。同时，集体谈判制度覆盖率越高，工时缩减的程度也相对越高。德国、意大利、卢森堡和荷兰等欧洲大陆国家集体谈判覆盖率为 60% ~ 80%，社会伙伴通过谈判帮助劳动者减少工作时间；比利时、法国和瑞典为 90% 或更高。英国集体谈判的覆盖率极低，约为 30%，不到大多数大陆国家的一半，在英国，由于低法定的工作时间监管和薄弱的劳资关系，雇主有更多的权力来控制劳动者的工作时间，这导致英国企业工作时间的高度分化；而在比利时、法国等国家，由于集体谈判制度覆盖率在 90% 以上，劳动者的平均周工作时间仅为 35 小时和 38 小时（见表 6 - 1）（Gornick and Heron，2006）。

表 6 - 1　主要 OECD 国家工时缩减框架

	工时管制机制	集体谈判覆盖的劳动者比例
比利时	社会伙伴集体谈判及劳动法组合	90% +
法国	劳动法	90% +
德国	社会伙伴集体谈判及劳动法组合	68% +
意大利	劳动法	80% +
卢森堡	社会伙伴集体谈判及劳动法组合	60% +
荷兰	社会伙伴集体谈判及劳动法组合	80% +
瑞典	社会伙伴集体谈判及劳动法组合	90% +
英国	社会伙伴集体谈判及劳动法组合	30% +
日本	劳动法	15% +
美国	联邦劳动法为主，州劳动法为辅	14%

资料来源：Gornick and Heron，2006。

2. 弹性工作政策

欧洲工业化经济的发展带来更多的弹性就业（flexible employment）、非典型就业（atypical employment）或者兼职就业（part-time job）等就业形态。根据就业形态的发展趋势，欧洲国家出台了一系列针对不同就业形态的促进政策和工作环境，弹性就业率的提高又进一步促使弹性就业政策的发展。从 1990 年到 2007 年18 年间，欧盟 15 国中从事临时性工作（以签订临时性合同为准）的员工比例从 10% 增长到 15%，以西班牙（32%）和葡萄牙（22%）的临时性就业率最高；兼职工作的比例从 12% 增长到17%，以荷兰（36%）和英国（23%）的兼职就业率最高；除了少数国家的临时性或兼职就业率略有下降（如丹麦），其他国家的非正式就业比例均有所增长（Burgoon and Dekker，2010）。

　　一般认为，非典型就业能够使劳动者更好地安排自己的工作时间，有利于家庭照料和个人生活，但是，针对弹性工作也产生了反对意见，有研究指出这反而使工作对生活的侵入从显性走向了隐性，工作和生活的界限从以工作时间为明确标志到逐渐模糊。劳动者开始无时无刻不在处理工作事务、回复邮件、在家办公，这使工作和生活的界限被打破（Sánchez-Vidal，Cegarra-Leiva，and Cegarra-Navarro，2012；Currie and Eveline，2011；Morganson et al.，2010；Maxwell and McDougall，2004），特别是在一些压力较大的行业中，远程办公技术增加了员工的工作时间，加大了工作压力和工作负荷（Morganson et al.，2010）。从事非全时工作或临时性工作的劳动者被认为比从事稳定全职工作的劳动者更加脆弱，这些劳动者面临更少的就业保障和更大的失业风险。因此，弹性就业者往往更需要国家出台弹性就业的保障性政策以及集体协商制度的介入，"弹性工作保障政策"（flexicurity policy）是欧洲国家保障非典型就业者工作的重要方面，并且，与工时缩减框架相类似，集体协商框架也在弹性工作保障政策中占有重要地位。

　　欧洲国家主要采取了以下弹性工作保障政策。一是弹性工作时间政策。弹性工作时间不是绝对意义上的减少工作时间，而是在保证基本的工作时间基础上，通过雇主和员工之间的协商确定工作开始和结束的时间点，将工作时间的掌握权交给雇员灵活使用。在欧洲，英国的弹性工作时间政策最具代表性，2003 年，英国政府正式出台立法，保障有 6 岁以下孩子的父母，或者有 18 岁以下残障孩子的父母有合法权利向雇主要求选择弹性时间工作制和弹性产假时间。2003 年底，根据英国政府的一项"现代工作场所"（modern workplace）磋商结果，时任副总理克莱尔进一步宣布全体劳动者具有向雇主要求实行弹性时间制，包括弹性工作和弹性育婴假的权利，自 2014 年起 7 月 30 日开始执行（UK Government，2012）。这项措施被称为"令全英国雇主最头疼的法律"，它的出台引发了极大震动，并迅速将英国劳动者的弹性工作雇佣比例提高到男性的 18% 和女性的 27%（Wikipedia，2016）。

二是兼职工作政策，OECD 把主要工作中每周工作时间少于 30 小时的员工归为兼职员工。兼职工作有很多种形式，比如部分时间工作（part-time work）、午夜工作（small-hours work）、季节工作（seasonal work）、召唤式工作（on-call work）、散工（casual work）、代理机构工作（employment agency work）、内包/外包式工作（insourcing/outsourcing work）、多任务工作（multi-tasking work）、工作轮换（job rotation）、工作共享（job-sharing）、线上工作（e-work）、平台工作（platform work）以及自雇佣的新型形式，如自由职业者（free-lancer）（Muffels and Fouarge，2008）。1997 年欧洲出台了《兼职工作导则》（Part-time Work Directive），目标在于消除对兼职工作者的歧视，提高兼职工作的质量，促进自愿性兼职工作，提高工作的时间弹性。《兼职工作导则》对执行兼职工作的框架协议进行了详细规定，其中一些政策规定具有开创性，比如《兼职工作导则》颁布以前，工时不足全职劳动者 20% 的兼职劳动者大多被排除在养老金计划以外，而《兼职工作导则》赋予兼职劳动者按比例参加养老金计划的权利，并且，赋予兼职工作劳动者薪资平等、社会保障、职业福利、职业培训、晋升机会和议价权利等各项权利。对于拒绝从非全时工作转为全职工作的劳动者，雇主不能终止其工作。相对于兼职工作劳动者，雇主不能表现出对于全职工作劳动者的偏好，除非雇主能够根据业务要求证明这种做法的合理性。《兼职工作导则》还鼓励雇主考虑劳动者根据个人和家庭需要在全时工作和兼职工作之间转换的需求。《兼职工作导则》的实施大大提高了兼职工作的就业比例，从 1985 到 2011 年间，据 OECD 统计，欧洲国家全职就业的比例从 87.1% 下降到 83%，兼职就业的比例从 12.9% 上升到 17%。荷兰、瑞士和挪威等国的兼职就业比例比这个数字更高，另外，女性兼职就业的比例也远远高于男性（岳经纶、颜学勇，2013）。

　　三是远程工作政策，远程工作主要是帮助劳动者在工作场所以外的地点工作，以减少时间消耗。远程工作主要有在家工作（home-based）、卫星办公室（satellite office）、邻里工作中心（neighborhood work center）以及移动办公（mobile）等形式（Morganson et al.，2010）。在欧洲，远程办公受到重视的一个重要原因是，它既是推进工作生活平衡的有利举措，又意味着这是雇主和雇员之间雇佣关系形态的又一重大改变。2002 年欧盟出台了《欧洲远程工作框架协议》（European Framework Agreement on Telework），该协议并非通过欧盟的政策导则方式实行，而是通过 1992 年欧洲的社会议定书（Social Protocol）① 中规定的无法律约束力的途径实施。因此，该协议属于一个自治性质的协议，大多数欧洲国家选择双边集体协议约束，期待工会和雇主之间协商通过达成协议实现远程工作（Hynes，2014）。

　　不过，远程工作政策在欧洲的推行并不顺畅。以爱尔兰为例，2000 年，爱尔兰在《欧洲远程工作框架协议》基础上发布了一份远程工作行为准则，据此许多工会又发布了单方面准则，作为与

---

① 《欧共体社会条约》第 139 条为实施欧盟层面社会伙伴缔结的协议提供了两种选择。第一种选择是要实施 "……与成员国管理和劳动相一致的具体程序和做法"。这被称为所谓的自主路线或自主协议。第二种选择是实施政策要由部长理事会做出决定。

雇主进行远程工作安排谈判的依据。2007 年，爱尔兰又启动了一项减少碳排放和汽车依赖的"智慧通行计划"（Smarter Travel），借由该计划将远程工作作为一个非常重要的减排措施推行，爱尔兰国家远程工作咨询委员会（National Advisory Council on Teleworking）负责推进过程。但是，在实行了一系列远程工作推进措施后，由于缺乏法规和指导方针，远程工作仍然处于经济边缘化地位且难以合法化；雇主保留对远程办公计划和家庭工作条件的唯一酌情决策权，许多企业的决策者不能理解或认识远程工作可能带来的潜在利益，导致远程工作成为一种临时和无组织的安排，该计划最后以失败告终（Hynes，2014）。虽然这是一个远程工作推行失败的案例，不过，从总体来说，欧洲远程工作仍然是有所发展的。2005 年，整个欧盟 27 国的远程工作比例已经达到 7%（岳经纶、颜学勇，2013）。

四是弹性退休制度。自 20 世纪 90 年代起，西方许多发达国家经济增长速度放缓，加之社会保障制度的设计缺陷，提前退休在这些国家十分普遍，这导致人口老龄化及养老金负担日益严重。为了扭转这种局面，降低在职人员的工作压力，许多国家开始着手进行退休制度方面的改革工作，在延长退休年龄的同时也注重加强退休制度的弹性设计，缓解养老压力。欧洲国家主要的弹性退休制度改革有两种，一是实施弹性退休年龄，各国都在法定退休年龄的基础上，给予劳动者一个弹性退休的年龄区间，例如，瑞典在 1999 年进行的退休年龄改革中，允许劳动者在 65 岁这一法定退休年龄的基础上，选择在 61～67 岁退休；二是对退休收益进行弹性调整，例如，瑞典相关政策规定，如果劳动者在 61～65 岁领取养老金，养老金每月将会减少 0.5%，最大降幅为 24%，如果在 70 岁以后领取，养老金每月将会增加 0.7%，最大涨幅为 42%（林熙，2010）。推迟法定退休年龄、设置弹性退休年龄、增加推迟退休养老金收益等政策能够促进老年人口就业，增加劳动力人口数量，减轻有老龄人口家庭的照料压力，这减少了劳动者的工作-生活冲突。表6-2和表6-3对欧洲主要国家的弹性退休年龄政策和弹性退休收益政策进行了整理。

表6-2 欧洲国家的弹性退休年龄政策和弹性退休收益政策

	弹性退休年龄政策	弹性退休收益政策
英国	法定退休年龄为男65岁，女60岁	从2005年起，英国国家基本养老金和国家第二养老金可一直延迟至70岁领取，每延迟5星期，养老金增长1%
法国	法定退休年龄为60岁	退休制度的灵活性主要由"加分措施"和"折扣措施"体现，前者规定60岁以上且满足获得全额养老金条件的老年人，每多工作一年，养老金增长3%；2015年以后，公共部门和私人部门的雇员若在65岁之前退休，养老金统一每月减少5%
德国	法定退休年龄为67岁	发展养老金的弹性的多支柱系统，国家养老金领取逐步从65岁提高到67岁；第二支柱的国家养老金延迟到70岁，个人第三支柱养老金体系中，实行高度灵活的退休年龄
瑞典	1999年退休年龄改革，法定退休年龄为65岁，弹性退休年龄61~67岁之间退休	劳动者在61~65岁领取养老金，则养老金每月将会减少0.5%，最大降幅为24%；如果在70岁以后领取，则养老金每月将会增加0.7%，最大涨幅为42%
丹麦	最低退休年龄为65岁，但劳动者可选择推迟到70岁退休	—
西班牙	在法定退休年龄65岁的基础上，满足一定条件可超过65岁。缴费满35年的劳动者可于60岁退休，缴费至少已经30年以及非自愿性失业至少超过6个月的劳动者可以在61岁退休	高于65岁且缴费超过35年的老年人免除个人及其雇主的社会保障费；养老金每年增长约3%
意大利	自1992年逐步规定57~65岁退休的弹性区间。私人部门的雇员在缴费满35年之后可以在60岁退休，缴费满40年时可在任一年龄退休	引入特别津贴鼓励其延迟退休

资料来源：林熙，2010。

延迟退休年龄和实行弹性退休收益目的在于提高老年人口就业率，降低年轻劳动力的工作压力，提升劳动力的家庭照顾能力，这些有利于工作人群平衡工作和生活。从 OECD 国家的弹性退休制度的比较来看，爱沙尼亚延迟领取退休金年增长比例最高，达到年增长 10.8%，其次是瑞典和日本，均为 8.4%，排名第三的是美国（8%）；提前领取退休金的弹性收益递减比例在 3.6% ~ 7.5%，捷克提前领取退休金的年递减比例最低（3.6%），西班牙的最高（6% ~ 7.5%）（见表6-3），这些国家在鼓励劳动者延迟退休方面有较大的政策力度。

表6-3 部分 OECD 国家弹性退休具体实施情况

国家	提前退休	正常退休	延迟退休	提前领取退休金	延迟领取退休金
美国	62	66	70	每年减6.7%	每年增8%
加拿大	60	65	无上限	每年减6%	每年增6.8%
芬兰	62	65	无上限	每年减4.8%	每年增7.2%
日本	60	65	无上限	每年减6%	每年增8.4%
瑞典	61	65	70	每年减6%	每年增8.4%
捷克	59	62	无上限	每年减3.6%	每年增6%
葡萄牙	55	65	70	每年减6%	每年增3.96% ~12%
爱沙尼亚	60	63	无上限	每年减4.8%	每年增10.8%
斯洛伐克	60	62	无上限	每年减6%	每年增6%
西班牙	61	65	70	每年减6% ~7.5%	每年增2% ~3%

资料来源：翁仁木，2015。

3. 休息休假政策

与工作生活平衡相关的休息休假政策一方面有产假和育儿假政策，能够减轻女性的家庭照顾压力，促进女性就业，使女性能够兼顾工作和家庭。带薪年休假政策则能够增加劳动力的休闲时间，促进工作和休闲的平衡。此外，欧洲国家还积极倡导组织和企业实行弹性休假政策、临时休假政策、工作生活平衡计划等，并且，为劳动者休息休假提供良好的、鼓励的和宽松的氛围对于政策的实现至关重要。

产假和育儿假。20世纪50年代，欧洲的家庭政策设计强调传统的性别角色，女性被认为应当承担更多家庭照顾的责任，实行的政策有在对重获工作权不加保护的情况下，延长女性的休假权利。20世纪60年代末和70年代，欧洲的产假和育儿假政策发生了一些变化，大多数高收入国家开始将产假与就业保障相结合，并在产假期间增加经济支持。产假和陪产假可以称为育婴假（parental leave），目前，欧洲大多数国家的产假为14~22周，劳动者可以获得50%~100%的工资收入（Morgan and Zippel，2003）。瑞典、芬兰、挪威的育婴假最长，均超过了50周。

育儿假（care leave）和育婴假的不同之处在于，育儿假的休假时间往往更长。瑞典是第一个明确实行育儿假的国家，瑞典1974年开始允许母亲和父亲分享六个月的育儿假，其他欧洲国家也开始增加产假期间父亲可以享受的产假和育儿假。1996年，欧盟指令批准了至少三个月的育儿假，旨在"促进职业责任与工作父母的协调"。欧盟指令也鼓励成员国对父母双方育儿假的权利可转移性进行限制，以实现父亲和母亲更加平等地参与儿童保育。2010年欧洲出台了《父母育儿假导则》（*Parental Leave Directive*），进一步将育儿假假期延长至四个月。目前，欧洲国家育儿假的中位数约为60周，挪威和瑞典享有约20个月的育儿假，德国、法国、西班牙和芬兰已将育儿假的权利时期保留在三年以上，育儿假期间母亲享受相当于30%~60%当地平均工资水平的照顾者津贴（care allowance）。引入灵活时间的育儿假是欧洲重要的工作生活平衡休假政策，一方面是为了方便母亲照顾家庭，另一方面是使在职父亲能够更加积极地照顾子女，使在职父母分享照顾子女的义务和责任。育儿假政策被认为是减少职业当中的性别偏见和女性歧视的关键一步（Olivetti and Petrongolo，2017），但是，也有人指出，育儿假政策的弊端在于它从长远来看不利于女性兼顾工作和家庭。

年休假政策。欧洲国家大多批准了带薪休假，欧洲雇员每年至少要保证4个星期的带薪年休假，并且，在雇主和雇员解除劳动合同之前保证雇员的年休假休完。还有很多国家法定的年休假多于4周，例如丹麦、芬兰、法国、西班牙等国，带薪年休假时间远远长于加拿大、美国等国家，除去法定休息日，带薪年休假的天数为30天（见表6-4）。

表6-4 2000年欧洲国家和组织以及其他国家的法定带薪休假时间

	周数	天数
澳大利亚	—	30
丹麦	—	30
芬兰	—	30
法国	—	30
西班牙	—	30
卢森堡	—	25
瑞典	—	25
德国	—	24
比利时	4	—
希腊	4	—
爱尔兰	4	—
荷兰	4	—
英国	4	—
意大利	4（根据欧盟规定）	—
匈牙利	—	22（公共假日除外）
欧盟	4	—
加拿大	2（1年以上工龄）	—
美国	0	0

在集体协商制度覆盖的领域，带薪年休假的时间往往更长。

1999 年的一项对制造业工人带薪休假时间的统计表明，意大利、芬兰的劳动者的带薪休假时间总共可达 45 天，荷兰、德国、卢森堡等国家的劳动者总带薪休假时间也能达到 38 天（见表 6 – 5），而且带薪年休假天数近年来仍继续增长。

表 6 – 5　1999 年集体协商制度覆盖的制造业工人带薪休假时间

单位：天

	休假时间	节日时间（国家法定假日和宗教节日）	总带薪休假时间
意大利	37	8	45
芬兰	37.5	7	44.5
荷兰	31	7.1	38.1
德国	30	8	38
卢森堡	28	10	38
澳大利亚	26.5	9.5	36
匈牙利	22	14	36
西班牙	22	14	36
丹麦	27	7	34
法国	25	9	34
瑞典	25	9	34
英国	25	9	34
瑞士	24.3	9	33.3
比利时	20	11	31
希腊	22	9	31
日本	18	13	31
爱尔兰	21	9	30
挪威	21	7	28
美国	12	11	23

资料来源：Jorgensen，2002。

欧洲的工作休息政策和特殊工作者工作时间政策规定也较为

细致，例如欧盟导则规定，如果雇员连续工作超过 6 小时，雇主需要给雇员休息时间；晚班工人如果面临健康问题，雇主有义务把他们转移到其他岗位。

4. 工作与家庭平衡支持政策

工作与家庭平衡支持政策主要是政府为帮助家庭照料出台的一些保障性政策，以减轻劳动者的家庭照料压力、促进就业和减少家庭对工作的侵入。欧洲国家为有需要的人提供高质量、负担得起的、国家免费提供或补贴的护理，或者面向家庭照顾者增加福利补贴，分担家庭照料的时间和经济成本，使劳动者能更好地协调自身工作和家庭照顾，也更有可能选择进入劳动力市场。同时，工作与家庭平衡支持政策也反映了关于女性和男性在社会中的角色和适当的家庭形式的性别假设，这些政策挑战了将女性视为照顾者的传统性别观念，使女性能够更好地在照顾和有酬支付之间分配时间和工作，甚至有利于支持两性平等分配照料工作（Misra, Moller, and Budig, 2007）。

欧洲国家大多属于福利国家，与以市场经济为主的美国不同，人们普遍认为福利制度对个人参与有偿工作、无偿工作和家庭照料的方式有积极影响，区分欧洲的"协调经济"和美国的自由市场经济对理解工作与家庭平衡支持政策的发展差异很有必要。北欧国家如瑞典、挪威、芬兰和丹麦是"覆盖性"福利国家，这些国家对公民的家庭福利支持非常慷慨，推行了"双收入者"家庭模式支持（family model support）、公共日托服务、老年人护理、带薪育儿假和照料服务等多种支持性举措（Crompton and Lyonette, 2006），以减少家庭照料对工作的侵入，支持劳动者更好地工作和就业。比如，鼓励男性劳动者承担更多的家务劳动就有利于女性就业和工作与家庭的平衡。

具体而言，丹麦和瑞典是"社会民主"模式的典型代表，国家通过高税收对劳动力市场进行高度干预，对家庭照料充分支持，所以，女性全职劳动力市场参与率和双收入夫妇的比例很高

（McGinnity and Calvert，2009）。国家积极建设公共托管机构，特别鼓励男性更多地参与儿童保育，丹麦 0～2 岁的幼儿入学率在 OECD 国家中最高，达到 65.2%，幼儿主要在公立托管机构入托（申小菊、茅倬彦，2018），这种"去家庭化"的照料模式促进更多女性就业，促进工作与家庭的平衡。法国、德国和荷兰建立了"保守"的福利制度，但是它们在工作、照料以及劳动力市场的协调组合上有所不同。德国对税收和福利制度的设计支持传统的男性养家者分工，女性在家照顾家庭或者更多从事兼职工作，国家对女性参与儿童保育也给予较大的支持。荷兰虽然也强烈鼓励兼职工作（男性和女性），但税收和福利供给往往支持男性养家糊口的模式。法国也属于保守福利国家，但是国家政策导向更多的是将有偿工作和照顾结合起来（McGinnity and Calvert，2009），属于"改良的男性养家糊口"的国家（modified male breadwinner）模式，妇女的全职工作得到支持，目前有 56.4% 的法国妇女在劳动力市场就业，大多数从事全职工作。法国的工作－家庭政策主要是直接向有孩子的家庭提供支持，比如大部分 3～6 岁的法国儿童和少数 2 岁的儿童都在国立托儿所上学，国家对国立托儿所提供两种补助金以及儿童保育费用的税收减免，既间接地使女性在儿童照顾中获益，也极大地促进了女性全职就业（Crompton and Lyonette，2006）。总体而言，德国、法国和荷兰等国家的政策并未明确体现鼓励男性承担更多的家庭照顾责任，政策对工作－家庭平衡的导向是促进女性劳动者照顾家庭。

英国和爱尔兰通常被归为"自由"福利制度，国家对市场的干预极少，税收比较低，这也导致英国和爱尔兰的特点是劳动力市场有较高的工资不平等和一般的阶级不平等。国家对家庭照料的支持程度也低，英国和爱尔兰的儿童保育费用补贴很少，与其他欧盟国家相比，爱尔兰和英国的育儿假使用率也相对较低，女性产后更有可能选择兼职工作进入劳动力市场。1997 年"新工党"政府的选举中，英国历史上第一次将家庭政策置于政治议程中心。

英国政府试图通过增加父母就业来实现减少儿童贫困，而推行家庭政策促进女性就业就成为一个行之有效的方法，"工作生活平衡"作为家庭政策的重要部分被列入政治议程，但是，相对于其他欧洲国家，英国政府对儿童保育和家庭服务的支持力度仍然不大，政府主要依靠鼓励雇主采用"适合家庭"的措施，而不是依靠立法来增加家庭支持（Crompton and Lyonette，2006）。

西班牙劳动者平衡工作与生活主要依赖家庭本身而非社会政策，工作和照料相结合的政策和制度支持较少，女性参加全职工作的比例也很低，兼职工作使妇女在将工作和家庭生活结合起来时特别困难（McGinnity and Calvert，2009）。西班牙这种依赖家庭自身创造工作生活平衡的福利、由女性承担照顾责任的形式被称为"地中海模式"。

5. 工作与健康/休闲平衡支持政策

欧洲重视劳动者在工作场所的职业健康和健康促进，注重改善工作场所健康条件，传播健康知识。以欧洲生活条件促进基金会为例，该组织制定了工作场所健康促进计划（European Network for Workplace Health Promotion，ENWHP），倡议公共场所健康管理、健康劳动力、健康传播、工作场所心理健康、健康老龄化等议题；同时提出了《欧盟工作场所健康促进宣言》、《中小企业工作场所健康促进宣言》、《欧洲良好工作场所健康实践发展宣言》、《工作场所精神健康和幸福感促进宣言》以及《慢性病劳动者工作场所健康实践宣言》等一系列工作场所健康促进的导向性原则。2002 年的《欧洲良好工作场所健康实践发展宣言》认为工作场所健康属于公共健康的一部分，提出积极塑造工作场所的健康生活方式、减少工作场所健康不平等和职业病、加强相关政策制度保障、促进工作健康支持与培训等一系列健康促进举措，鼓励健康公共组织将公共场所健康作为发展重点。该宣言指出，工作场所的健康促进对于家庭、社区、组织和社会都有很大裨益，因此各方都应承担起劳动者健康促进的责任（ENWHP，2002）。

二 我国工作生活平衡的社会政策发展

（一）我国工作生活平衡政策的发展背景

与欧洲发达国家相比，我国工作生活平衡的政策及法律制度研究和实践尚处在起步阶段。从中国社会政策发展的现实背景来看，首先，劳动者提高生活质量和工作质量的要求不断增加，这种矛盾推动着工作生活平衡社会政策的发展。其次，信息社会的发展带来兼职工作和新型工作出现，弹性工作成为备受关注的社会问题，女性劳动者中有很大一部分从事兼职工作，平台工作和分享经济快速发展，这给劳动者平衡工作和生活带来了新的契机和挑战，推动了工作生活平衡政策的发展。最后，家庭结构和人口结构的变化也是产生工作生活平衡政策需求的客观压力。

中国社会处于一个快速发展和变迁的时期，近5年来劳动力市场发生了较大变化，劳动力市场供需关系转变，劳动力成本上升，劳动者的谈判能力增强。当国民经济发展，人均收入提高到一定水平后，劳动者对闲暇的偏好就会变强，对于工作质量提高和工作时间减少的意愿也会增强（赖德胜、孟大虎、王琦，2015），但现实的情况是，工作压力增加、劳资矛盾激化、工作满意度下降、离职率提高、劳动争议案件频发等问题仍然困扰着组织和劳动者，这在大城市中更加明显，较大的工作压力和较长的通勤时间直接影响了劳动力的工作选择，带来工作和生活的冲突。以北京市为例，2017年"中国城镇居民工作环境调查"的数据显示，30%的北京市劳动者表示工作压力大，并且在大城市的通勤半径和通勤时间较长，北京市劳动者的工作日平均出行半径为9.3公里，其中约3/4（73%）的地铁通勤者单次通勤时间超过40分钟。

从家庭结构变动来看，城市化导致单人家庭和超微家庭增多、家庭养老育幼功能减弱，四位老人、两位父母和一个孩子的

"421"家庭结构也给年轻家庭带来老人和子女照料的困难。近10年来我国家庭迅速向规模微型化、结构扁平化、类型特殊化方向发展，全国三人以下小微家庭户为65.6%，家庭规模缩小，代际数不断下降（周长洪，2013）。同时，老龄化发展非常迅速，老年人照顾压力增大。这些变化对劳动者的影响表现在，家庭照护工作在增加，特别是从2016年开始推行的全面二孩政策，生育政策的变化又给劳动者家庭和女性劳动者带来新的家庭照料问题。但家庭的养老育幼和作为社会稳定器的功能在急剧减弱，家庭发展存在脆弱性和不稳定性。中国社会的男性和女性在劳动力市场和家庭照顾两方面的平等参与一直遭到质疑，女性承担照顾家庭的重要责任，在双方工作的家庭中，过于明确的分工往往导致女性在家庭方面的压力过大。社会政策不足、家庭照护资源短缺和儿童教育资源不平衡等问题也增加了家庭照护困难，这些问题自然催生了对工作生活平衡支持政策的现实需求。

劳动力市场的变化和家庭结构的变化给劳动者的工作和生活提出了新的困难，但是，随着社会发展，人们提高工作生活质量的需求不断增长，这种矛盾最终体现在劳动者对减少工作时间、保障休息休假权、增加家庭照顾、减轻工作压力等平衡工作与生活条件的争取上。工作－生活冲突问题已经成为社会发展中遇到的明显问题，政策出台和机制建立的社会需求十分强烈。

（二）我国工作生活平衡社会政策的重点领域

劳动领域一系列的法律和政策逐步推行，对劳动者、劳动组织、劳动关系产生了重要影响。劳动立法和劳动政策关注劳动派遣用工、养老与劳动保险、工伤鉴定等领域，注重保护劳动者特别是特殊群体（如移民群体、女性、残疾人、老年人等）的基本权利和公平雇佣，努力建立劳动者和劳动组织间良性的劳动关系。但是，从实践来看，一方面，劳动立法和政策的模糊地带日益显现，比如，新型工作不断出现，灵活工作劳动者和非全时工作劳动者不断增多，而针对这个群体，劳动法对于工作时间的规定难以适用；另一方面，目前我国工作生活平衡支持政策主要集中于劳动者权益保护和法定休息休假政策，以及家庭养老照料支持政策，但是，在灵活工作安排、弹性工作计划、家庭补贴、税收减免、照料假期、喘息服务、儿童托管和工作－家庭咨询等提高劳动者工作质量和增加家庭支持的措施上还有很大的政策和制度空间。

1. 工时缩减政策

工作时间长是大部分国家在经济快速发展过程中的特征之一，几乎每个国家在从贫穷到富有的发展史中都出现过劳动者工作时间过长、挤占闲暇活动的现象（赖德胜、孟大虎、王琦，2015）。《中华人民共和国劳动法》对于工作时间和休息休假的政策具体规定为："平均每周工作时间不超过四十四小时"；"每周至少休息一日"；"劳动者连续工作一年以上的，享受带薪年休假"；"因特殊原因需要延长工作时间的，在保障劳动者身体健康的条件下延长工作时间每日不得超过三小时，但是每月不得超过三十六小时"。各地区基本都采用劳动法规定，目前还没有其他特殊的工时政策产生。

《国务院关于职工工作时间的规定》进一步指出，"职工每日工作 8 小时、每周工作 40 小时"，"在特殊条件下从事劳动和有特殊情况，需要适当缩短工作时间的，按照国家有关规定执行"，"因工作性质或者生产特点的限制，不能实行每日工作 8 小时、每周工作 40 小时标准工时制度的，按照国家有关规定，可以实行其他工作和休息办法"，"国家机关、事业单位实行统一的工作时间，星期六和星期日为周休息日"，等等。但是，从法律条文来看，工时规定仍有模糊之处，比如"对于不能实行标准工时制度的，可以实行其他工作和休息办法"，这意味着工时规定其实有较大的灵活空间。

《中华人民共和国劳动法》在延长工作时间的工资报酬方面有

较为详细的规定。《中华人民共和国劳动法》第四十四条规定：
"有下列情形之一的，用人单位应当按照下列标准支付高于劳动者
正常工作时间工资的工资报酬：（一）安排劳动者延长工作时间
的，支付不低于工资的百分之一百五十的工资报酬；（二）休息日
安排劳动者工作又不能安排补休的，支付不低于工资的百分之二
百的工资报酬；（三）法定休假日安排劳动者工作的，支付不低于
工资的百分之三百的工资报酬。"但是，在实际操作中，加班费的
计算技术和计算方法不同、不定时工作制的加班费难以计算，由
此引发了许多劳动争议，还有数据指出，目前我国加班劳动争议
案件中，法定节假日加班费案件得到法院的支持比例为 65.7%，
平日延时加班和休息日加班得到法院支持的比例仅为 50%（李羿
楠、刘丽娜，2018）。

2. 休息休假政策

《中华人民共和国宪法》以根本大法的形式规定了劳动者休息
的权利，对劳动者的休息做出了明确规定，并为其他具体的关于
劳动时间、休假制度的立法提供了保障。《中华人民共和国宪法》
第四十三条规定："中华人民共和国劳动者有休息的权利。国家发
展劳动者休息和休养的设施，规定职工的工作时间和休假制度。"
1995 年颁布的《中华人民共和国劳动法》规定，"国家发展社会
福利事业，兴建公共福利设施，为劳动者休息、休养和疗养提供
条件"，"用人单位应当创造条件，改善集体福利，提高劳动者的
福利待遇"，等等。我国的基本休假政策是劳动者每周至少休息一
日；劳动者连续工作一年以上享受带薪年休假，2007 年的《职工
带薪年休假条例》对《中华人民共和国劳动法》中职工带薪年休
假权利给予立法保障，具体规定为："职工累计工作已满 1 年不满
10 年的，年休假 5 天；已满 10 年不满 20 年的，年休假 10 天；已
满 20 年的，年休假 15 天。"中国的年休假日数量远远低于欧洲国
家，欧洲的年休假基本在每年 40 天左右。

在产假和陪产假方面，《中华人民共和国劳动法》、《中华人民

共和国妇女权益保障法》和《女职工劳动保护特别规定》对于劳动者在子女照护方面的产假、陪产假、护理假做出了基本规定，2016 年全面二孩政策推出以后，在《女职工劳动保护特别规定》的 98 天产假基础上，许多省份对于产假的时间规定有所延长，河南省和海南省在新计生条例中明确除国家规定的 98 天假期外，产假再增加"3 个月"，意味着当地女职工最多可享 190 天产假。黑龙江、甘肃则明确了产假总天数为 180 天。北京、天津、上海、重庆、江苏、浙江、湖北 7 个省份的产假为 98 天加 30 天，即 128 天。广东省女职工顺产可享受 98 天产假和 80 天奖励假，共 178 天产假，剖宫产可享受共 208 天产假。从陪产假来看，陪产假时间最长的是西藏、甘肃、云南三地，为 30 天；而北京、河北、江苏、浙江、广东、福建等 18 个省区市的陪产假是 15 天。陕西省在陪产假的规定上采取了灵活的措施，规定男性的护理假为 15 天，夫妻异地居住的给予男方护理假 20 天。与欧洲国家相比，我国的产假时间略长，欧洲国家的产假时间普遍在 14 周到 22 周，但是对于育儿假没有相关政策规定。

3. 工作与家庭平衡支持政策

在以《中华人民共和国劳动法》为核心的劳动者基础性权益保障以外，我国的工作与家庭平衡支持政策主要集中于两个方面。一是对女性劳动者的权益进行特殊保护，比如《中华人民共和国劳动法》规定用人单位在女职工孕期、产期、哺乳期不得解除劳动合同的规定，能够促进女性在劳动力市场的平等就业。二是为劳动者的家庭照料提供服务支持和经济支持，减轻劳动者照料压力，比如，2016 年二孩政策以来，一些地区积极探索配套家庭支持政策，使劳动者能够兼顾工作和家庭，2018 年，辽宁省出台《辽宁省人口发展规划（2016—2030 年）》，指出应积极探索实行税收优惠、二孩家庭奖励政策，鼓励雇主对孕期和哺乳期妇女提供灵活工作时间安排等。再如，2018 年进行的个人所得税改革，有子女教育和赡养老人等情况的劳动者在个税缴纳时可以获得专项附加扣除，减轻了劳动者的经济压力，更有利于劳动者平衡家庭与工作。

此外，我国非常具有特色的单位制在相当长一段时间内也为劳动者提供了工作与家庭平衡的支持。单位制是将社会各阶层的社会行为通过组织功能多元化的特殊社会方式，逐一整合到具体的社会组织即单位之中，从而由单位组织代表他们的利益，满足他们的基本需求，给予他们社会行为的权利、身份和地位，左右和控制他们的行为。单位制在很长一段时间内对劳动者的生活和家庭有很大影响，单位不仅通过社会成员的工作使之取得一定的经济报酬，还通过分配住房、公费医疗、兴办托儿所、幼儿园、食堂、澡堂以及职工子女就业需要的服务公司或集体企业等，为单位成员提供各种社会保障和福利方面的服务。可以说，从摇篮到墓地，人们离不开单位（李汉林，2007）。单位制不仅为劳动者提供了全方位的物质保障，也促使劳动者形成了集体认同，减轻了工作压力。单位制下的工作和家庭关系往往更加紧密和平衡，单位会承担起一部分劳动者共同的家庭照料责任，在工作中因家庭照料临时请假也能够获得管理者和同事的认可。但是，自2007年以来，我国非公有制经济已经超过50%，并且，大部分非专业性的社会服务功能从单位转移到了社会和社区，非专业性社会服务功能的剥离，使劳动者的家庭问题逐渐不再纳入用人单位的考虑，这种组织制度的转变也增加了工作与家庭冲突的可能性。

4. 工作与健康/休闲平衡支持政策

职业病防治政策是我国工作场所健康促进的主要政策。我国已经出台了一系列工作场所的职业病防治的规定，比如《中华人民共和国职业病防治法》、《职业病诊断与鉴定管理办法》、《国家职业病防治规划（2016—2020年）》以及各地颁布的一些职业病防治条例，对于劳动者的"五险一金"也有较为详细的规定，这些基本保障有利于劳动者的工作和健康平衡，但是在基本保障和劳动保护之上的工作场所的健康促进政策还较为缺乏，也就是说，在工作场所推行的积极的健康引导政策仍较为缺乏。2016 年国务院印发"健康中国 2030 规划"，提出了完善健身公共服务体系、促进健康产业发展、开展全民健身、加强健康干预等健康发展方向（新华社，2016），但规划中对工作场所的健康促进并未提及。

从工作与健康/休闲平衡支持政策来看，2013 年国务院办公厅发布的《国民旅游休闲纲要（2013—2020 年）》指出，应当保障劳动者的旅游休闲时间，落实《职工带薪年休假条例》，鼓励机关、团体、企事业单位引导职工灵活安排全年休假时间，完善针对民办非企业单位、有雇工的个体工商户等单位的职工的休假保障措施，加强带薪年休假落实情况的监督检查，加强职工休息权益方面的法律援助，这对于劳动者的休闲促进有一定积极作用。

三 欧洲与我国工作生活平衡政策的比较

工作生活平衡的重要性在欧洲已经受到广泛重视，欧洲已经将推行工作生活平衡社会政策作为重要的政策范畴。欧盟业已形成工作生活平衡的社会政策体系，《工作时间导则》和《兼职工作导则》重点保障劳动者选择弹性工作和兼职工作的权利，并且，各国立法保证每位劳动者可以拥有与雇佣方协商解决工作－生活冲突和促进工作生活平衡问题的权利，企业和社会组织的工作生活平衡计划成为社会政策的有效补充。中国的工作生活平衡支持政策主要是以《中华人民共和国劳动法》为法律起点保护劳动者基本权益，比如法定工作时间和休息休假权，另外，家庭养老支持政策发展迅速，近年来中国一些发达的省市和地区加大了养老照料支持，特别是增加了社区养老服务供给，在很大程度上减轻了家庭的养老压力，也对劳动者的工作生活平衡产生有益影响。

欧洲国家企业和组织中的弹性休假政策、临时请假政策和工作生活平衡计划也是社会政策的有效补充，比如企业对员工提供的心理支持、儿童照顾、健康干预等。远程办公制度和弹性时间制是比较有代表性的企业工作生活平衡计划，极大提高了劳动者自主安排工作的灵活性，促进劳动者平衡工作与生活。远程办公（telework）利用虚拟网络技术、视频会议系统、远程控制和信息传输方法，通过异地办公、在家办公、移动办公等形式，使雇员更加自由地决定如何工作。也有一些组织引入了弹性工作（flexible working）制度，比如兼职工作（part-time work）、共享工作（job sharing）、轮班工作（shift working）、交错工时（staggering hours）、压缩工作周（compressing hours）、扩展工时（working hours spread）等工作方式，增大了劳动者兼顾工作与生活的可能性。

我国工作生活平衡支持政策和实践目前主要集中于劳动者权益保护和法定休息休假政策，以及家庭养老照料支持政策，但是，在灵活工作安排、弹性工作计划、家庭补贴、税收减免、照料假期、喘息服务、儿童托管和工作－家庭咨询等方面还有很大的政策和制度空间。从组织来看，在不断争取基本权益保障的基础上，劳动者平衡工作与生活等增长性劳动福利的需求在增加，但是当前的企业人力资源管理对于工作生活平衡计划、弹性工作制度、远程办公制度、法定休假外的假期制度、紧急请假制度、家庭帮助制度、平衡咨询制度等一系列有助于劳动者提高平衡工作与生活能力、减少工作和家庭冲突的措施和制度还有待发展，这些实践问题的解决急需工作生活平衡方面的研究。

概括而言，欧洲和中国的工作生活平衡社会政策发展的差异性主要表现在以下两个方面，首先，在中国，工作生活平衡的社会政策体系尚未形成。在欧洲，工时缩减、休息休假、工作与家庭平衡支持、工作与健康/休闲平衡支持等方面都有相应的支持政策，多样性和立体式的政策体系能够更加充分地保障劳动者工作生活平衡。当然，这与国家发展阶段、社会政策重点、社会焦点问题有所差异有一定关系。我国的工作生活平衡社会政策主要集中于工时保证政策和休息休假政策，但是，在工时缩减政策、弹性工作政策和工作与家庭平衡支持政策、工作与健康/休闲平衡支持政策方面还较为欠缺，例如灵活工作安排、弹性工作计划、家庭补贴、税收减免、照料假期、喘息服务、儿童托管和工作－家庭咨询等其他提高劳动者工作质量和增加家庭支持方面还有很大的政策和制度空间。其次，欧洲的工作生活平衡社会政策重点在于增加劳动者的增长性权益，在工作时间、休息休假政策方面都表现得较为慷慨和宽松，在工作与家庭平衡支持政策和工作与健康/休闲平衡支持政策方面已经有较为成熟的尝试。而我国的社会政策目前还以劳动者的基础性权益保护为中心，比如反对企业违反《中华人民共和国劳动法》中的工时规定和休息休假规定，不过即使对于基础性权益保护，我国也有很多问题有待解决，比如对合法工时和休假的违法监察力度有待加大。

四 本章小结

本章主要对国内外工作生活平衡的政策制度体系进行梳理和研究，首先对当前国内外工作生活平衡制度的产生背景进行分析，其次梳理政策内容并比较欧洲和中国工作生活平衡政策的异同。本章的主要结论可以概括为以下三点。

第一，不同国家和地区的工作生活平衡政策以及法律法规的制定往往具有或体现着共同的社会诉求，这种诉求是相关政策的产生土壤，也构成了相关政策制度的基本背景。从各国情况来看，工作生活平衡社会政策发展背景主要有三个方面：一是国家环境发生的变化；二是劳动力市场的变迁；三是家庭结构和人口结构的变化。此外，中国工作生活平衡政策还具有一些自身特殊的制度、文化和社会背景，比如20世纪后期广泛推行的单位制就为劳动者提供了工作以外的多元福利，有利于劳动者平衡工作与生活。

第二，工作生活平衡社会政策主要体现在工时缩减政策、弹性工作政策、休息休假政策、工作与家庭平衡支持政策和工作与健康/休闲平衡支持政策五个方面，欧洲发达国家工作生活平衡政策经过半个多世纪发展，已形成了较为均衡的社会政策体系。欧洲大部分国家的周平均工时基本缩减在 40 小时以内，欧盟的《工作时间导则》和《兼职工作导则》保障劳动者选择弹性工作和兼职工作的权利，提高工作时间弹性的规定也更加细致，各国立法保证每位劳动者可以拥有与雇佣方协商工作安排的权利，促进了兼职就业和女性就业；OECD 国家的产假大多允许超过 19 周，男性陪产假也达到了 12 周，带薪休假每年在 4 周左右；欧盟国家倡导儿童照顾服务，制定了一系列公共支持计划；等等。工作生活平衡的社会政策既是对欧洲劳动者权利的保护，也是工作福利的发展，特别是欧洲的社会伙伴集体谈判制度在社会政策发展和劳动者福利增加方面起到重要作用。我国的工作生活平衡政策主要集中在工时缩减政策和休息休假政策两个方面，劳动者的平均周工作时间目前远高于欧洲，带薪休假时间则远低于欧洲，而工作与家庭平衡支持政策以养老照料支持政策发展较为迅速。相比之下，我国的工作生活平衡政策制度在政策和法律制度上都需要进一步发展，并且存在现实执行的不充分问题。

第三，国内外在工作生活平衡方面的政策制度虽然差异巨大，但是具有多重共同的精神内涵，这使各国社会政策具有较强的共通性，这些共通性集中表现在中外工作生活平衡政策制度注重休闲价值、性别平等、家庭观念、特殊群体和权利法定等方面。但是，从目前的发展阶段来看，欧洲的工作生活平衡社会政策体系已经形成，并且更加注重劳动者的增长性权益，我国的社会政策主要集中于休息休假政策，在工时缩减政策、弹性工作政策、工作与家庭平衡支持政策、工作与健康/休闲平衡支持政策等方面还有较大的发展空间。

第七章　结论

中国经济发展进入新常态的今天，劳动力市场中的需求结构发生变化，劳动力成本上升，劳动者谈判能力增强，这使劳动者对工作场所就业质量提升有了新的要求。家庭中夫妻双方同时工作的比例增大，家庭照顾孩子和老人的压力也有所增加，而现代人对于休闲质量的要求不断提升，这也给劳动者在工作之外达到生活上的满意提出了新的问题。同时，建立在信息网络上的现代社会形式抹去了工作场所和家庭、劳动和休闲、经济价值和社会价值之间曾经清晰的界限，信息社会模糊了劳动与休息的差别。可以说，经济和社会发展中劳动者面临的工作和生活的矛盾越来越突出，一方面，工作的复杂性需要劳动者不断提高自身能力，组织对劳动者的工作投入、对组织的忠诚感、团队合作感提出了更高的要求；另一方面，劳动者对于工作和生活质量的要求极大提高，个体工作之余的休闲、休息、社交需求日益增长，平衡工作与生活是社会、组织和劳动者共同面对的现实需求。在这种发展趋势下，研究劳动者的工作生活平衡，提出有利于其解决工作-生活冲突、促进平衡发展的建议，对人的发展和社会进步有重要意义。

从工作生活平衡的研究范围来看，它是工作质量评价的重要维度，也是劳动关系评价的重要方面。工作生活平衡研究回应了已有的劳动关系研究中仍待解决的问题，一方面是劳工研究多关注体力劳动者，另一方面是劳动关系评价以采用工作方面的指标衡量为主，前者容易造成研究焦点的倾斜，忽视非体力劳动者表现较为隐性的劳动关系矛盾和劳动冲突问题，后者则不符合劳动关系研究由关注劳动过程转而关注日常生活的转向。首先，劳动关系评价关注的重点为体力劳动者和产业工人，对知识劳动者、白领劳动者的研究较少，原因主要在于非体力劳动者和知识劳动者被看作社会中的优势群体，面临的劳动关系问题也往往更加隐蔽，并且面对劳动关系问题不易进行激烈的反抗。在这种情形下，劳动关系评价应倡导增加适应非体力劳动者的、集体冲突和集体谈判之外的衡量指标，工作生活平衡作为反映工作质量和生活质量的指标应纳入劳动关系评价指标。其次，劳动关系评价有一个从基本权益到增长性权益指标评价转变的趋势，以及一个增加工作之外的生活质量指标的趋势，因为劳动者的工作领域和工作质量能够影响生活，其生活领域和生活质量显然也能够影响工作。劳动者的工作状况和生活状况能够反映其获得和谐劳动关系的可能性，并且，劳动者平衡工作与生活的前提就是缓解工作领域雇佣双方的矛盾，建立和谐的劳动关系。这体现了劳动关系评价中纳入对劳动者工作生活平衡评价的重要性。

在认识到劳工研究需要增加对体力劳动者的关注、劳动关系评价应当增加工作之外的生活指标的前提下，本书将工作生活平衡指标作为劳动关系评价的维度，这在一定程度上弥补了以往研究的不足，一方面，它可以采用个体主观评价和客观反映的方式来呈现劳动关系，能够反映隐性的冲突与矛盾；另一方面，它本身对生活方面有着与工作方面均衡的关注，是一个含义广泛的概念，也能够体现劳工的权益诉求从基本权益到增长性权益转变的趋势。工作生活平衡研究将工作和生活领域视为有同等重要的地位，将工作生活平衡问题纳入劳动关系评价领域进行研究，一方面能够弥补已有研究的不足，另一方面也能够推进劳动关系研究应用新的视角，这是本书的理论观照。

在以上理解的基础上，本书首先关注脑力劳动者和体力劳动者、经济发达地区和不发达地区的工作生活平衡程度差异。研究形成的第一个理论问题是关于职业分割和地区分割对平衡程度的影响。职业分割和地区分割意味着复杂的劳动力市场结构、权力结构和制度结构的集合，相对于体力劳动者，脑力劳动者拥有较高的职业声望、收入水平和受教育程度，从客观条件来看具有优势；东部地区相比于西部地区显然拥有较好的宏观社会经济文化环境，因而在客观条件、人文环境、精神文化等方面具有综合优势。建立在对职业优势和地区优势的解读上，我们提出的第一个问题是，劳动者工作生活平衡是否受到职业分割和地区分割的影响？是否存在社会结构和社会阶层意义上差异的问题？

第二个理论问题是关于工作生活平衡的影响因素解释框架，主要面向现代社会发展中涌现的新的工作生活平衡问题，从组织工作环境因素来看，在劳动的时间控制方式向效率控制方式转换的背景下，在弹性工作和工作自主性增加的背景下，劳动者的工作生活平衡是否仍然受工作时间的影响？从就业环境因素来看，就业环境持续改善，劳动者谈判能力提升是否促进了工作生活平衡？具体而言，即关注劳动保障提高和就业机会增加对工作生活平衡的影响。从工作和生活的关系来看，关注生活因素的影响，如社区活动参与满意度和社交活动参与满意度是否会影响劳动者平衡工作与生活的方式。对影响因素的研究主要回应现实中发生的导致工作和生活冲突的主要问题和平衡工作与生活的策略，尝试建立就业环境因素、工作环境因素和生活因素共同作用下的影响因素模型。

第三个理论问题是关于工作生活平衡价值观的历史演变及其发展过程中呈现怎样的特点。价值观的变化会影响工作生活平衡的实践，比如欧洲国家对工作生活平衡的关注与其重视休闲密切相关，同时这种价值观也能够成为政府和组织促进劳动者工作生活平衡的一个出发点。以往研究在理解工作和生活的关系以及工作生活平衡观时，缺乏历史的观点和讨论。那么，西方古代社会和中国古代社会怎样看待工作和生活，怎样看待二者的关系？这种价值观随着工业社会的发展又发生了怎样的改变？对这个理论问题的阐释建立在对广泛的文献和文本梳理和理解的基础上。

第四个理论问题是关于欧洲和中国工作生活平衡社会政策的发展及比较，欧洲国家对工作生活平衡的认识带来了社会政策方面的发展，目前我国工作生活平衡支持政策主要集中于劳动者权益保护和法定休息休假政策，以及家庭养老照料支持，但是，在灵活工作安排、弹性工作计划、家庭补贴、税收减免、照料假期、喘息服务、儿童托管和工作－家庭咨询等方面还有很大的政策和制度空间。那么，中国和西方在工作生活平衡政策方面的具体差异是什么？如何借鉴西方的政策经验以制定适合中国国情的工作生活平衡社会政策？

我们尝试对以上四个理论问题进行回答，首先，我们实施了一项"中国社会态度与社会发展状况调查"并对工作环境部分数据进行分析，该调查以心理学广泛采用的感知指标为主测量劳动者工作生活平衡的感受，本书的数据处理使用描述性分析、t 检验、卡方检验、多层次 Logistic 回归和二元 Logistic 回归等方法。本书对工作生活平衡影响因素的探讨分成了两个层次，一是阐释地区分割和职业分割效应在劳动者工作方面和生活方面的分别体现，二是展现就业环境因素、工作环境因素和生活因素对它的综合影响。其次，对工作生活平衡历史价值观的梳理主要基于对文献资料的分析，对中西方工作生活平衡的社会政策的呈现和比较主要基于对政策文本的分析和对比的研究方法。

本书的主要观点和结论有六点，第一，外部就业环境对劳动者工作生活平衡的影响主要集中于地区、劳动权益保护和就业机会三个方面。可能的解释在于工作生活平衡属于涵盖工作和生活的综合领域，宏观环境的差异能够带来工作环境、生活环境、工作质量、生活质量的整体差异，地区反映整体经济、社会、文化环境的差距，东部地区劳动者的工作状况、生活状况、工作生活平衡程度等各方面的就业质量和生活质量均高于西部地区的劳动者，劳动权益保护和就业机会增加对劳动者工作生活平衡的积极影响主要体现为保护劳动者的休息休假权益以及提高劳动者谈判能力。因而对经济相对落后地区整体环境的改善、促进欠发达地区向发达地区的工作环境趋同能够提升劳动者的工作生活平衡程度。就业保护和促进对于个体平衡工作与生活有很大裨益。

第二，职业分割并没有给劳动者的工作生活平衡带来显著影响。体力劳动者的工作生活平衡程度并未表现出显著低于脑力劳动者，也就是说，劳动者群体在工作生活平衡上并未出现职业分割。这点对我们最重要的启发是，脑力劳动者并未因处于主要的劳动力市场或较高的职业阶层地位而获得高工作生活平衡程度。这说明，一方面，解释劳动者的工作生活平衡问题，可能需要拓展或改变传统的划分社会阶层、以社会阶层反映社会不平等的研究范式。体力劳动者和脑力劳动者在平衡程度上未表现出显著差异，这也回应了我们对劳工研究应增加对脑力劳动者的关注的倡导。另一方面，职业的影响可能更多体现在中观层次的组织环境上，在预测工作生活平衡方面，考虑组织的具体差异可能比考察宏观的职业结构分层更加有效。

第三，工作环境因素中我们最为关注的工作时间控制仍然对劳动者的工作生活平衡有显著的影响，工作时间的延长，无论对于固定工作时间的劳动者还是弹性工作时间的劳动者的工作生活平衡均有消极影响。较好的工作支持感和工作稳定感对工作生活平衡的积极影响得到验证，与以往的文献相一致。

第四，生活因素较为显著地影响了工作生活平衡。社区活动参与满意度和社交活动参与满意度影响了劳动者的工作生活平衡，主要的原因可能在于，一方面，活动参与有助于缓解工作压力、增加休闲享受、提升生活质量和提高满意度；另一方面，参与社区和社会活动能够使工作至上的理念获得改观，促进个体从活动参与而非工作回报中获取幸福感，因而影响了工作生活的平衡。这意味着工作生活平衡研究应拓展传统的工作－家庭冲突问题领域，将工作与休闲、健康和其他生活方面更多地纳入研究视域，同时也表明，在理解工作和生活关系时，溢出理论获得了更多的支持，生活领域中社交活动的增加，社区参与的加深，对于工作质量的提高亦有裨益，也推动了劳动者工作生活平衡的发展。通勤时间的研究结果与周工作时间类似，但对其的解释并非纳入劳动过程的时间控制，而是通勤时间延长降低了劳动者的生活质量。通勤时间的减少能够提升劳动者的平衡程度，从侧面印证了工作时间的影响，也说明了对劳动者的效率控制并未取代时间控制。通勤时间加长成为现代社会发展中的一个重要特点，给劳动者带来了平衡工作和生活的又一难题，从劳动者的工作生活平衡的角度，以及劳动者工作质量和生活质量提高的角度，都应积极采取措施减少劳动者的通勤时间。

第五，在对工作生活平衡价值观的历史发展的梳理中可以发现，古代西方人对休闲持一种积极的态度，对休闲表现出一种崇尚。中国人则对于休闲一直持有一种谨慎的态度，尽管儒家和道家学术思想中有一种对休闲的美好追求，但是劳动崇尚仍然是社会主流价值观。工作生活平衡价值观的理念和思想很大一部分体现在工作与休闲的关系上，工作和生活（休闲）的关系既有此消彼长，也有融合趋向，二者的关系中包含工作和休闲二者的冲突性，在工作和生活的冲突和对张状态下，二者力量此消彼长，因此从古代社会到工业社会，既有休闲崇拜和劳动禁忌的状态，又有工作至上和休闲抑制的状态。二者的对张性和冲突性的表现在于，工作和生活的此消彼长，以及二者之间的一致性或区别性，但是在马克思和另外一些研究者那里，工作和生活的冲突主要源于社会制度的弊端。就二者平衡的条件而言，在马克思那里是打破资本主义生产方式，实现共产主义；在后现代主义者那里，工作生活平衡是打破现代性的藩篱；在普特南那里，实现对生活和社区的重视则是从人的个体化进入社区化。从整个工作生活平衡价值观的演变史可以看到，工作和生活在可变和冲突常态下，具有融合的可能性和趋向。

第六，梳理工作生活平衡的社会政策，对比欧洲国家与我国工作生活平衡社会政策，发现二者的发展和关注的重点不同。不同国家和地区的工作生活平衡政策以及法律法规的制定往往具有或体现着共同的社会诉求，而这种诉求是相关政策的产生土壤，也构成了相关政策制度的基本背景。工作生活平衡社会政策着重体现在工时缩减政策、弹性工作政策、休息休假政策、工作与家庭平衡支持政策和工作与健康/休闲平衡支持政策五个方面，欧洲发达国家工作生活平衡政策经过半个多世纪发展，在五个方面已形成了较为均衡的社会政策体系。中国的工作生活平衡政策主要集中在工时缩减政策和休息休假政策两个方面，但是劳动者的平均周工作时间目前远高于欧洲，带薪休假时间则远低于欧洲。工作与家庭平衡支持政策中养老照料支持政策发展较为迅速。相比之下，我国的工作生活平衡政策有较大的发展空间，并且现有政策的执行存在实践中的不充分问题。

附　录

表1　关于工作生活平衡的主要研究的内容和测量指标

量表研究者	研究重点	量表内容	中文
Kopelman 等研究者	工作 – 家庭冲突维度:角色冲突	1. Interrole Conflict (1) My work schedule often conflicts with my family life. (2) After work, I come home too tired to do some of the things I'd like to do. (3) On the job I have so much work to do that it takes away from my personal interests. (4) My family dislikes how often I am preoccupied with my work while I am home. (5) Because my work is demanding, at times I am irritable at home. (6) The demands of my job make it difficult to be relaxed all the time at home. (7) My work takes up time that I'd like to spend with my family.	1. 工作 – 家庭冲突 (1) 我的工作经常与家庭生活产生冲突。 (2) 下班回家以后我觉得太累所以不愿意干我想干的事。 (3) 我有太多工作的事要干,我的个人兴趣都被取消了。 (4) 我的家庭非常不愿意我在家的时候被工作占满。 (5) 因为我的工作要求特别苛刻,我在家的时候经常发火。 (6) 我的工作要求特别高,所以我在家的时候也很难放松。 (7) 我的工作把我原本想花在家庭上的时间占了。

续表

量表研究者	研究重点	量表内容	中文
Kopelman 等研究者	工作－家庭冲突 维度:角色冲突	(8) My job makes it difficult to be the kind of spouse or parent I'd like to be	(8) 我的工作让我很难成为我想当的那种妻子/丈夫或者母亲/父亲
Frone 等研究者	工作－家庭冲突 维度1:工作侵入家庭 维度2:家庭侵入工作	1. Work-Family Conflict, WFC (1) How often does your job or career interfere with your responsibilities at home, such as cooking, cleaning, repairs, shopping, paying the bills, or child care? (2) How often does your job or career keep you from spending the amount of time you would like to spend with your family? 2. Family-Work Conflict, FWC (3) How often does your homelife interfere with your responsibilities at work, such as getting to work on time, accomplishing daily tasks, or working overtime? (4) How often does your homelife keep you from spending the amount of time you would like to spend on job or career-related activities?	1. 工作－家庭冲突 (1) 工作干扰您在家做饭、打扫、修理、购物、付账或者照顾小孩,这样的事发生的频率高吗? (2) 工作使你减少了本来你预计和家庭度过的时间,这样的事发生的频率高吗? 2. 家庭－工作冲突 (3) 您的家庭生活干扰您工作中的责任,如按时上班、完成日常工作或生的事发生的频率高吗? (4) 家庭生活使您减少了工作或职业相关活动上花费的时间,这样的频率高吗?
Netemeyer 等研究者	维度1:工作－家庭冲突 维度2:家庭－工作冲突	1. Work-Family Conflict, WFC (1) The demands of my work interfere with my home and family life. (2) The amount of time my job takes up makes it difficult to fulfill family responsibilities.	1. 工作－家庭冲突 (1) 工作需要干扰了我的家和生活。 (2) 我的工作占用的时间让我没法实现我的家庭责任。

续表

量表研究者	研究重点	量表内容	中文
Netemeyer 等研究者		(3) Things I want to do at home do not get done because of the demands my job puts on me. (4) My job produces strain that makes it difficult to fulfill family duties. (5) Due to work-related duties, I have to make changes to my plans for family activities.	(3) 因为有工作的要求，我想在家里做的事情没做完。 (4) 我的工作给我的压力让我没办法去实现家庭义务。 (5) 由于工作相关的责任，我不得不对我的家庭活动计划做出改变。
	维度 1：工作－家庭冲突 维度 2：家庭－工作冲突	2. Family-Work Conflict, FWC (6) The demands of my family or spouse/partner interfere with work-related activities. (7) I have to put off doing things at work because of demands on my time at home. (8) Things I want to do at work don't get done because of the demands of my family or spouse/partner. (9) My home life interferes with my responsibilities at work such as getting to work on time, accomplishing daily tasks, and working overtime. (10) Family-related strain interferes with my ability to perform job-related duties	2. 家庭－工作冲突 (6) 我的家人或配偶/伴侣的要求会干扰与工作有关的活动。 (7) 由于我在家的时间要求，我不得不推迟工作。 (8) 由于家人或配偶/伴侣的要求，我想在工作中做的事情没有完成。 (9) 我的家庭生活干扰了我在工作中的责任，例如按时上班、完成日常工作和加班工作。 (10) 与家庭有关的压力会影响我履行工作职责的能力

续表

量表研究者	研究重点	量表内容	中文
Carlson 等研究者	工作－家庭冲突 维度1：时间为基础的冲突	1. Time-based Work Interference with Family (1) My work keeps me from my family activities more than I would like. (2) The time I must devote to my job keeps me from participating equally in household responsibilities and activities. (3) I have to miss family activities due to the amount of time I must spend on work responsibilities.	1. 时间为基础的工作侵入家庭 (1) 我的工作让我不能做我想做的家庭活动。 (2) 必须贡献给工作的时间，让我不能等同地承担家务责任和参加家庭活动。 (3) 完成工作责任所必须花费的时间使我错过家庭活动。
	维度2：压力为基础的冲突	2. Strain-based Work Interference with Family (4) When I get home from work I am often too frazzled to participate in family activities/responsibilities. (5) I am often so emotionally drained when I get home from work that it prevents me from contributing to my family. (6) Due to all the pressures at work, sometimes when I come home I am too stressed to do the things I enjoy.	2. 压力为基础的工作侵入家庭 (4) 下班回家后我觉得特别疲惫，没法参加家庭活动和完成家庭责任。 (5) 下班回家后，情感上经常筋疲力尽，让我没法为家里做出贡献。 (6) 由于工作上有压力，回家之后我经常压力过大，没法做我喜欢做的事。
	维度3：行为为基础的冲突	3. Behavior-based Work Interference with Family (7) The problem-solving behaviors I use in my job are not effective in resolving problems at home. (8) Behavior that is effective and necessary for me at work would be counterproductive at home. (9) The behaviors I perform that make me effective at work do not help me to be a better parent and spouse	3. 行为为基础的工作侵入家庭 (7) 工作中采用的"问题－解决"式的行为在解决家庭问题时不那么有效。 (8) 工作中有效和必要的行为，在家里可能失效。 (9) 在工作中让我有效率的行为，对我成为一个好家长和好伴侣没什么作用

量表研究者	研究重点	量表内容	中文
Wong 等研究者	维度1:工作之外的休息时间	1. enough time – off from work (1) I have enough time for my friends. (2) I have enough time for my family. (3) I have enough time after work to carry out personal matters.	1. 工作之外的休息时间 (1) 我下班有足够的时间处理个人事务。 (2) 我有足够的时间陪我的家人。 (3) 我有足够的时间陪我的朋友。
	维度2:工作场所的支持	2. workplace support on work-life balance (4) My co-workers are supportive when I talk about personal or family issues that affect my work. (5) My supervisor is understanding when I talk about personal or family issues that affect my work. (6) I work very smoothly to handover to the next shift because of a good management system.	2. 工作场所的支持 (4) 当我谈论影响我工作的个人或家庭问题时,我的同事会给予支持。 (5) 我的主管在该论我工作的个人或家庭问题时予以理解。 (6) 由于管理体制良好,我可以顺利地进行交班工作。
	维度3:工作忠诚	3. allegiance to work (7) I look forward to being with the people I work with each day. (8) I accept working over time each day because I am committed to my job. (9) I find it easy to concentrate at work because of family support.	3. 工作忠诚 (7) 我希望与我每天工作的人在一起。 (8) 因为我致力于工作,我每天可以加班。 (9) 由于家人的支持,我很容易专心工作。
	维度4:工作灵活性 维度5:生活方向 维度6:自愿削减工作时间	4. flexibility on work schedule (10) I have personal discretion over my and starting and finishing times on Work schedule. (11) I can change my roster if the daily working hours are not consistent.	4. 工作灵活性 (10) 我可以自行决定自己的工作时间以及开始和结束时间。 (11) 如果每天的工作时间不一致,我可以更改班次。

续表

量表研究者	研究重点	量表内容	中文
Wong 等研究者	维度 7：保持职业生涯发展	(12) I can schedule my preferred days off supported by my team.	(12) 在我团队支持下我可以安排我的休假。
		(13) I can finish work within my contracted hours (e. g. 8 h per shift).	(13) 我可以在合同规定时间内完成工作（例如每天 8 小时）。
		5. life orientation	5. 生活方向
		(14) I want to spend more time to fulfill my aspiration/interest.	(14) 我想花更多的时间来实现自己的愿望/兴趣。
		(15) I have different responsibilities to meet during different life stages.	(15) 我在不同的人生阶段有不同的职责。
		(16) I fell happy when I have quality time for my family life.	(16) 当我享受有质量的家庭生活时间时，我感到很高兴。
		6. voluntary reduction of contracted hours to cater for personal needs	6. 自愿削减工作时间
		(17) I would consider: working few hours per shift each day at a pro – rated salary.	(17) 我会考虑更少的工作时间，比如每天按轮班制，根据小时工资工作几个小时。
		(18) I will consider changing from working full time to part time for a time frame, say 6 months, 1 – 2 years to fulfill my personal needs.	(18) 我会考虑从全职工作改为兼职工作，例如时间框架改为 6 个月、1～2 年，以满足我的个人需求。
		7. upkeep the work and career—the determinants perceived by employees to attain "better" work-life balance	7. 保持职业生涯发展
		(19) I accept working at least 10 h a day to keep up my workload and career.	(19) 我接受每天至少工作 10 小时以保持工作量和职业生涯。
		(20) I accept working extra hours each day because it is essential to progress in my career	(20) 我接受每天加班，因为这对我的职业发展至关重要

续表

量表研究者	研究重点	量表内容	中文
Fisher 等研究者	维度1:工作侵入生活 维度2:生活侵入工作 维度3:工作增强个人生活 维度4:个人生活增强工作	1. Work Interference with Personal Life, WIPL (1) I come home from work too tired to do things I would like to do. (2) My job makes it difficult to maintain the kind of personal life I would like. (3) I often neglect my personal needs because of the demands of my work. (4) My personal life suffers because of my work. (5) I have to miss out on important personal activities due to the amount of time I spend doing work. 2. Personal Life Interference with Work, PLIW (6) My personal life drains me of the energy I need to do my job. (7) My work suffers because of everything going on in my personal life. (8) I would devote more time to work if it wasn't for everything I have going on in my personal life. (9) I am too tired to be effective at work because of things I have going on in my personal life. (10) When I'm at work, I worry about things I need to do outside work. (11) I have difficulty getting my work done because I am preoccupied with personal matters at work.	1. 工作侵入个人生活 (1) 我下班回家太累了，无法做我想做的事情。 (2) 我的工作很难保持我想要的那种个人生活。 (3) 由于工作的要求，我经常忽视自己的个人需求。 (4) 我的个人生活因我的工作而受苦。 (5) 由于我花在工作上的时间，我不得不错过重要的个人活动。 2. 个人生活侵入工作 (6) 我的个人生活让我失去了完成工作所需的能量。 (7) 我的工作因为我个人生活中的一切而而受到影响。 (8) 如果不是我个人生活中的所有事情，我会花更多的时间在工作。 (9) 因为我个人生活中的事情，我太累了，无法在工作中发挥作用。 (10) 当我在工作时，我担心在工作之外我需要做的事情。 (11) 我很难完成工作，因为我全神贯注于工作中的个人事务。

量表研究者	研究重点	量表内容	中文
Fisher 等研究者	维度 3：工作增强个人生活 维度 4：个人生活增强工作	3. Work Enhancement Personal Life, WEPL (12) My job gives me energy to pursue activities outside of work that are important to me. (13) Because of my job, I am in a better mood at home. (14) The things I do at work help me deal with personal and practical issues at home. 4. Personal Life Enhancement Work, PLEW (15) I am in a better mood at work because of everything I have going for me in my personal life. (16) My personal life gives me the energy to do my job. (17) My personal life helps me relax and feel ready for the next day's work	3. 工作增强个人生活 (12) 我的工作让我有精力去追求工作以外的对我很重要的活动。 (13) 由于我的工作，我在家里的心情更好。 (14) 我在工作中所做的事情帮助我处理家中的个人和实际问题。 4. 个人生活增强工作 (15) 我工作的心情更好，因为我个人生活中的一切都是为了我。 (16) 我的个人生活让我有能力完成我的工作。 (17) 我的个人生活帮助我放松，为第二天的工作做好准备
Smeltzer 等研究者（根据 Fisher 等研究者 2009 年发展的量表的修订所得）	维度 1：工作侵入个人生活 维度 2：个人生活侵入工作 维度 3：工作和个人生活增强	1. Work Interference with Personal Life, WIPL (1) My personal life suffers because of work. (2) I miss personal activities because of work. (3) I neglect personal needs because of work. (4) I put personal life on hold for work. (5) I struggle to juggle work and nonwork. (6) My job makes personal life difficult.	1. 工作侵入个人生活 (1) 我的个人生活因工作而受苦。 (2) 我因工作而错过了个人活动。 (3) 我因工作而忽略个人需求。 (4) 我为了工作搁置了个人生活。 (5) 我很难兼顾工作和不工作。 (6) 我的工作使个人生活变得困难。

量表研究者	研究重点	量表内容	中文
Smeltzer等研究者（根据Fisher等研究者2009年发展的量表修订所得）	维度1:工作侵入个人生活 维度2:个人生活侵入工作 维度3:工作和个人生活增强	2. Personal Life Interference with Work, PLIW (7) I am too tired to be effective at work. (8) I find it hard to work because of personal matters. (9) My personal life drains me of energy for work. (10) My work suffers because of my personal life. 3. Work and Personal Life Enhancement, WPLE (11) My job gives me energy to pursue personal activities. (12) I am in a better mood because of my job. (13) I am in a better mood at work because of personal life. (14) Personal life gives me energy for my job	2. 个人生活侵入工作 (7) 我太累了，无法在工作中发挥作用。 (8) 由于个人问题，我觉得很难工作。 (9) 我的个人生活让我无法工作。 (10) 我的个人生活因个人生活而受苦。 3. 工作和个人生活增强 (11) 我的工作让我有精力去追求个人活动。 (12) 因为我的工作，我心情更好。 (13) 因为个人生活，我工作的心情更好。 (14) 个人生活给了我工作的能量
Wu等研究者	工作－生活平衡	Work-Life Balance (1) There is a good fit between my personal life and work life. (2) There is a good fit between my family life and work life. (3) I receive support and recognition from family members. (4) There is a good fit between my job and my personal health.	(1) 我的工作和个人生活之间非常适配。 (2) 我的家庭生活和工作之间非常适配。 (3) 我从家庭成员那里得到了支持。 (4) 我的工作和我健康非常适配。

续表

量表研究者	研究重点	量表内容	中文
Wu 等研究者	工作－生活平衡	(5) I am able to do my job and not burnout. (6) This job enables me to continue living where I live now. (7) I have sufficient emotional energy for the job. (8) My work offers schedule flexibility	(5) 我能够做我的工作并且不会精疲力竭。 (6) 这个工作让我可以在我现在居住的地方居住。 (7) 我对工作有充足的情感能量。 (8) 我的工作赋予我日程安排上的灵活性
2005 年欧洲工作环境调查（第 4 次）	工作－生活平衡 维度 1：工作生活适配性	1. Work-Life Fit Q18 In general, do your working hours fit in with your family or social commitments outside work? very well; well; not very well; or not at all well	1. 工作生活适配性 Q18 总体来说，你的工作时间与工作之外的家庭和社会责任的匹配程度是？非常好、好、不太好、一点也不好
	维度 2：工作之外的可触及性	2. Extent of Out-of-hours Contact Q19 In the past twelve months, have you been contacted, e. g. by email or telephone, in matters concerning your main paid job outside your normal working hours?	2. 工作之外的可触及性 Q19 过去 12 个月，你是否在正常工作时间以外的时间因工作相关的事情被邮件、电话联系到？
	维度 3：工作时间的安排 维度 4：工作安排的变化	3. Type of Time Schedule Q14A Normally, how many times a month do you work at night, for at least 2 hours between 10:00 pm and 05:00 am? Q14B And how many times a month do you work in the evening, for at least 2 hours between 6:00 pm and 10:00 pm?	3. 工作时间的安排 Q14A 一般来说，一个月你有多少次在夜里 10 点到凌晨 5 点工作过至少 2 小时？ Q14B 一个月你有多少次在下午 6 点到晚上 10 点工作过至少 2 小时？

量表研究者	研究重点	量表内容	中文
2005年欧洲工作环境调查（第4次）	工作-生活平衡 维度1：工作生活适配性	Q14C And how many times a month do you work on Sundays?	Q14C 一个月你有多少次在周日工作?
		Q14D And how many times a month do you work on Saturdays?	Q14D 一个月你有多少次在周六工作?
		Q14E And how many times a month do you work for more than 10 hours a day?	Q14E 一个月你有多少次每天工作超过10个小时?
		Q15(a) Do you work part-time or full-time?	Q15(a) 你是全职工作还是兼职工作的?
维度2：工作之外的可触及性		Q16(a) Do you work...?	Q16(a) 你的工作是：
维度3：工作时间的安排		A. The same number of hours every day	A 每天一样的时间
		B. The same number of days every week	B 每周一样的天数
		C. Fixed starting and finishing times	C 固定的开始和结束的时间
		D. Shifts	D 倒班
维度4：工作安排的变化		Q16(b) Do you work...?	Q16(b) 你的工作是：
		A. Daily split shifts (with a break of at least 4 hours in between)	A. 每天分开时段倒班（倒班至少同隔4个小时）
		B. Permanent shifts (morning, afternoon or night)	B. 永久的倒班(早、中、晚班)
		C. Alternating / rotating shifts	C. 替班/轮班
		D. Other	D. 其他

续表

量表研究者	研究重点	量表内容	中文
2005年欧洲工作环境调查（第4次）	工作－生活平衡 维度1:工作生活适配性 维度2:工作之外的可触及性 维度3:工作时间的安排 维度4:工作安排的变化	4. Schedule Change Q17(a) How are your working time arrangements set? A. They are set by the company / organisation with no possibility for changes B. You can choose between several fixed working schedules determined by the company/organisation C. You can adapt your working hours within certain limits (e. g. flexitime) D. Your working hours are entirely determined by yourself E. Don't know F. Refused Q17(b) Do changes to your work schedule occur regularly? (IF YES) How long before are you informed about these changes? A. No B. Yes, the same day C. Yes, the day before D. Yes, several days in advance E. Yes, several weeks in advance F. Other G. Don't know H. Refused	4. 工作安排的变化 Q17(a)你的工作安排是怎么定的？ A. 公司或组织制定的，不能改变 B. 你可以从公司或组织制定好的安排中选择 C. 在一定的规则下，你可以自己调整工作时间（比如说，弹性工作时间） D. 你的工作时间完全由自己决定 E. 不知道 F. 拒绝回答 Q17(b)你的工作安排经常变化吗？变化了会提前多久通知你？ A. 不会变 B. 会变：当天通知我 C. 会变：提前一天通知我 D. 会变：几天之前通知我 E. 会变：提前几周通知我 F. 其他 G 不知道 H. 拒绝回答

续表

量表研究者	研究重点	量表内容	中文
2010年欧洲工作环境调查（第5次）	维度1：工作时间和私人生活的冲突	1 Juggling Working Time and Private Life Q41 In general, do your working hours fit in with your family or social commitments outside work? very well, well, not very well or not at all well	1. 工作时间和私人生活的冲突 Q41 总体来说，你的工作时间与工作之外的家庭和社会责任的匹配程度是？非常好、好、不太好，一点也不好
	维度2：工作时间安排	2. Organisation of Working Time in the Workplace （a）Regularity of Working Time Q32 Normally, how many times a month do you work at night, for at least 2 hours between 10：00 pm and 05：00 am? Q33 And how many times a month do you work in the evening, for at least 2 hours between 6：00 pm and 10：00 pm? Q34 And how many times a month do you work on Sundays?	2. 工作时间安排 （a）工作时间的正常性 Q32 一般来说，一个月你有多少次在夜里10点到凌晨5点工作过至少2小时？ Q33 一个月你有多少次在下午6点到晚上10点工作过至少2小时？ Q34 一个月你有多少次在周日工作？
	维度3：工作时间之外的工作	Q35 And how many times a month do you work on Saturdays? Q36 And how many times a month do you work more than 10 hours a day? Q37 Do you work…?	Q35 一个月你有多少次在周六工作？ Q36 一个月你有多少次每天工作超过10个小时？ Q37 你的工作是？
	维度4：工作和个人生活的适配	A. The same number of hours every day B. The same number of days every week C. The same number of hours every week	A. 每天一样的时间 B. 每周一样的天数 C. 每周一样的小时数

214

续表

量表研究者	研究重点	量表内容	中文
2010年 欧洲工作 环境调查 （第5次）	维度1：工作时间和私人生活的冲突	D. Fixed starting and finishing times E. On call F. Shifts Q38 Do you work...? A. Daily split shifts (with a break of at least 4 hours in between) B. Permanent shifts (morning, afternoon or night) C. Alternating / rotating shifts D. Other E. Don't know F. Refused	D. 固定的开始和结束的时间 E. 接到电话就去工作 F. 倒班 Q38 你的工作是？ A. 每天分开时段倒班（倒班至少间隔4个小时） B. 永久的倒班（早，中，晚班） C. 替班/轮班 D. 其他 E. 不知道 F. 拒绝回答
	维度2：工作时间安排 维度3：工作时间之外的工作	b) Setting Working Time Schedules Q39 How are your working time arrangements set? Q40 Do changes to your work schedule occur regularly? (IF YES) How long before are you informed about these changes?	b）制定工作安排 Q39 你的工作安排是怎么制定的？ Q40 你的工作安排变了会提前多久通知你？
	维度4：工作和个人生活的适配	c) Emergency Leave Factors Q43. Would you say that for you arranging to take an hour or two off during working hours to take care of personal or family matters is...?	c）紧急离开 Q43 工作时间你安排一两个小时去忙私人或家里的事有多困难？

量表研究者	研究重点	量表内容	中文
2010年欧洲工作环境调查（第5次）	维度1：工作时间和私人生活的冲突	3. Working Outside of Working Hours Q42 Over the last 12 months how often has it happened to you that you have worked in your free time in order to meet work demands?	3. 工作时间之外的工作 Q42 过去12个月，你要在工作时间以外的私人时间工作的频率是多大？
	维度2：工作时间安排	4. Towards a Good Fit Between Working Life and Private Life? a) Composite Paid and Unpaid Working Hours	4. 工作和个人生活的适配 a) 付费和免费工作时间
	维度3：工作时间之外的工作	Q7 Thinking about your earnings from your main job, what do they include? A. Basic fixed salary/wage B. Piece rate or productivity payments C. Extra payments for additional hours of work/overtime D. Extra payments compensating for bad or dangerous working conditions	Q7 你从主要职业中挣的收入包括？ A. 基本工资 B. 计件工资或生产量收入 C. 加班或超时工作 D. 在很差或者很危险的条件下工作
	维度4：工作和个人生活的适配	E. Extra payments compensating for Sunday work F. Other extra payments G. Payments based on the overall performance of the company (profit sharing scheme) where you work I. Income from shares in the company your work for J. Advantages of other nature (for instance medical services, access to shops, etc.) K. Other	E. 在星期天工作的补贴 F. 其他的额外收入 G. 绩效收入 I. 股份分红收入 J. 其他方面的福利（比如医疗、发的店铺卡） K. 其他

工作生活平衡

续表

量表研究者	研究重点	量表内容	中文
	维度1:工作时间和私人生活的冲突	b) Work-life Balance and Working Time Preferences Q14 If you compare your current situation with that of January 2009, have you experienced a change in the following aspects of your work? A. The number of hours you work per week? Increase;No change;Decrease;DK/NA;Refusal	b) 工作生活平衡和工作时间偏好 Q14 与2009年7月比较,你下面的方面是否发生变化了? A. 你每周工作的时间 增加了 没变 减少了 不知道 拒绝回答
2010年 欧洲工作 环境调查 (第5次)	维度2:工作时间安排		
	维度3:工作时间之外的工作	c)E-nomads Q24 Please tell me, using the same scale, does your main paid job involve...? H. Working with computers:PCs, network, mainframe I. Using internet / email for professional purposes	c) 互联网流浪者 Q24 请告诉我,使用下列量表,你的工作中包含? H. 使用电脑,包括便携式电脑,网络,主机 I. 出于专业化目的使用互联网/邮件
	维度4:工作和个人生活的适配		

参考文献

奥萨利文等，2010，《休闲与游憩：一个多层级的供递系统》，张梦译，中国旅游出版社。

巴德，2013，《劳动关系：寻求平衡》，于桂兰、于米、于楠译，机械工业出版社。

柏拉图，2010，《理想国》（第三卷），顾寿观译，吴天岳校注，岳麓书社。

波德里亚，让，2001，《消费社会》，刘成富、全志刚译，南京大学出版社。

布尔迪厄，皮埃尔，2015，《区分：判断力的社会批判》，刘晖译，商务印书馆。

布雷弗曼，哈里，1978，《劳动与垄断资本——二十世纪中劳动的退化》，方生、朱基俊、吴忆萱、陈卫和、张其骈译，商务印书馆。

蔡昉、都阳，2000，《中国地区经济增长的趋同与差异——对西部开发战略的启示》，《经济研究》第10期。

蔡昉、张车伟，2015，《中国人口与劳动问题报告》，社会科学文献出版社。

蔡禾，2010，《从"底线型"利益到"增长型"利益——农民工利益诉求的转变与劳资关系秩序》，《开放时代》第9期。

常凯，2013，《劳动关系的集体化转型与政府劳工政策的完善》，《中国社会科学》第6期。

陈小鸿，2004，《论人的自由全面发展》，人民出版社。

陈映芳，2010，《国家与家庭、个人——城市中国的家庭制度（1940—1979）》，《交大法学》第1期。

仇立平，2006，《回到马克思：对中国社会分层研究的反思》，《社会》第4期。

凡勃伦，2015，《有闲阶级论》，甘平译，武汉大学出版社。

符平、唐有财、江立华，2012，《农民工的职业分割与向上流动》，《中国人口科学》第6期。

高顺文，2005，《我国职业声望研究二十年述评》，《华中科技大学学报》（社会科学版）第4期。

高翔、龙小宁，2016，《省级行政区划造成的文化分割会影响区域经济吗?》，《经济学》（季刊）第2期。

高勇，2009，《社会樊篱的流动——对结构变迁背景下代际流动的考察》，《社会学研究》第6期。

郝大海、李路路，2006，《区域差异改革中的国家垄断与收入不平等——基于2003年全国综合社会调查资料》，《中国社会科学》第2期。

胡伟希，2003，《中国休闲哲学的特质及其开展》，《湖南社会科学》第6期。

黄海嵩，2014，《中国企业劳动关系状况报告》，企业管理出版社。

金祥荣、茹玉骢、吴宏，2008，《制度、企业生产效率与中国地区间出口差异》，《管理世界》第11期。

克里斯多弗，R.，埃廷顿，2009，《休闲与生活满意度》，杜永明译，中国经济出版社。

莱亚德，理查德，2015，《幸福的社会》，侯洋译，浙江人民出版社。

赖德胜、孟大虎、王琦，2015，《我国劳动者工作时间特征与政策选择》，《中国劳动》第2期。

李纯，2010，《酒店员工工作—生活平衡研究》，硕士学位论文，湖南师范大学旅游管理系。

李汉林，2007，《转型社会中的整合与控制——关于中国单位制度变迁的思考》，《吉林大学社会科学学报》第 4 期。

李汉林，2008，《变迁中的中国单位制度回顾中的思考》，《社会》第 3 期。

李汉林，2014，《中国社会发展年度报告（2014）》，中国社会科学出版社。

李汉林，2016，《中国社会发展年度报告（2016）》，中国社会科学出版社。

李建民，2002，《中国劳动力市场多重分隔及其对劳动力供求的影响》，《中国人口科学》第 2 期。

李路路、秦广强、陈建伟，2012，《权威阶层体系的构建——基于工作状况和组织权威的分析》，《社会学研究》第 6 期。

李路路、朱斌，2015，《当代中国的代际流动模式及其变迁》，《中国社会科学》第 5 期。

李实、马欣欣，2006，《中国城镇职工的性别工资差异与职业分割的经验分析》，《中国人口科学》第 5 期。

李羿楠、刘丽娜，2018，《2017 加班费劳动争议分析报告》，http:∥www. sohu. com/a/230865216_100138446，最后访问日期：2019 年 2 月 10 日。

李原，2013，《工作家庭的冲突与平衡：工作—家庭边界理论的视角》，《社会科学战线》第 2 期。

厉家鼎，2009，《中国劳动力市场分割及其成因分析》，硕士学位论文，复旦大学经济学院。

栗治强、王毅杰，2014，《农民工劳动与休闲关系研究》，《青年研究》第 6 期。

梁宝霖，2014，《强资本、弱劳工下的工作—生活平衡》，载岳经纶、库纳、颜学勇主编《工作－生活平衡：理论借鉴与中国现实》，世纪出版股份有限公司。

梁萌，2015，《知识劳动中的文化资本重塑——以 E 互联网公司为例》，《社会发展研究》第 1 期。

林熙，2010，《西方国家弹性退休制度概览》，《天津社会保险》第 2 期。

领英，2015，《2014 中国职场压力报告》，http://rich, online, sh, cn/rich/gb/content/2015 - 03/12/content _7323210. htm，最后访问日期：2015 年 3 月 12 日。

刘精明，2016，《教育分层与社会公平》，中国人民大学出版社。

刘精明、李路路，2005，《阶层化：居住空间、生活方式、社会交往与阶层认同——我国城镇社会阶层化问题的实证研究》，《社会学研究》第 3 期。

刘林平、雍昕、舒玢玢，2011，《劳动权益的地区差异——基于对珠三角和长三角地区外来工的问卷调查》，《中国社会科学》第 2 期。

刘林平、张春泥，2007，《农民工工资：人力资本、社会资本、企业制度还是社会环境？——珠江三角洲农民工工资的决定模型》，《社会学研究》第 6 期。

刘欣，2007，《中国城市的阶层结构与中产阶层的定位》，《社会学研究》第 6 期。

刘永强，2006，《工作—家庭冲突及其平衡策略研究综述》，《外国经济与管理》第 10 期。

陆学艺，2002，《当代中国社会阶层研究报告》，社会科学文献出版社。

吕梁山，2006，《赖特关于阶级分析的一般框架和当代资本主义的阶级结构理论》，《马克思主义与现实》第 2 期。

麦克林、赫德、罗杰斯，2010，《现代社会游憩与休闲》，梁春媚译，中国旅游出版社。

莫斯可，文森特、麦克切尔，凯瑟琳，2014，《信息社会的知识劳工》，曹晋、罗真、林曦、吴冬妮译，上海译文出版社。

帕特南，罗伯特，2011，《独自打保龄球：美国社会资本的衰落与复兴》，北京大学出版社。

潘毅，2011，《中国女工：新兴打工者主体的形成》，九州出版社。

潘毅、卢晖临、郭于华、沈原，2012，《我在富士康》，知识产权
　　出版社。

皮珀，2003，《闲暇：文化的基础》，刘森尧译，新星出版社。

邱林川，2013，《信息时代的世界工厂》，广西师范大学出版社。

邱雅静，2015，《欧洲工作质量研究的新进展：发展与挑战》，《社
　　会发展研究》第 3 期。

塞利格曼，马丁，2010，《真实的幸福》，洪兰译，万卷出版公司。

申小菊、茅倬彦，2018，《OECD 国家 3 岁以下儿童照料支持体系
　　对我国的启示》，《人口与计划生育》第 2 期。

沈原，2006，《社会转型与工人阶级的再形成》，《社会学研究》第
　　2 期。

斯科特，詹姆斯，C.，2007，《弱者的武器——农民反抗的日常形
　　式》，郑广怀、张敏、何江穗译，译林出版社。

唐有财、符平，2015，《农民工的个体性与集体性抗争行为研究》，
　　《中国人口科学》第 6 期。

腾讯，2017，《城市出行半径大数据报告》，http://www.cbdio.com/
　　BigData/2017 - 02/17/content _5451555. htm，最后访问日期：
　　2018 年 3 月 17 日。

田甜、李旭旦、周勇，2011，《工作/生活平衡策略与组织承诺的
　　关联研究》，《中国管理信息化》第 5 期。

田晓青，2014，《教育程度在劳动力市场中形成的职业分割研究》，
　　《中国市场》第 28 期。

佟新，2008，《劳工政策和劳工研究的四种理论视角》，《云南民族
　　大学学报》（哲学社会科学版）第 5 期。

佟新，2012，《平衡家庭和个人的个人、家庭和国家策略》，《江苏
　　社会科学》第 2 期。

佟新，2014，《当代中国劳动问题的社会学研究》，社会科学文献

出版社。

童辉杰、黄成毅，2015，《中国人婚姻关系的变化趋势：家庭生命
周期与婚龄的制约》，《湖南社会科学》第 4 期。

万向东、刘林平，2007，《"珠三角与长三角外来工比较研究"调
查报告之二：外来工的工作满足感、心理感受与地位认知》，
《珠江经济》第 5 期。

汪建华，2011，《互联网动员与代工厂工人集体抗争》，《开放时
代》第 11 期。

汪建华，2015，《生活的政治：世界工厂劳资关系转型的新视角》，
社会科学文献出版社。

汪建华、孟泉，2013，《新生代农民工的集体抗争模式——从生产
政治到生活政治》，《开放时代》第 1 期。

王守颂，2015，《休闲：基于马克思休闲生存范式的解读》，山东
人民出版社。

王天夫、崔晓雄，2010，《行业是如何影响收入的——基于多层线
性模型的分析》，《中国社会科学》第 5 期。

王晓光，2009，《晚明休闲文学研究》，博士学位论文，山东大学
中国古代文学系。

韦伯，马克斯，2010，《经济与社会》（上册），阎克文译，上海世
纪出版集团。

韦伯，马克斯，2012，《新教伦理和资本主义精神》，马奇炎、陈
婧译，北京大学出版社。

魏万青、谢舜，2013，《区域经济发展模式下的劳工收入差异与分
解——基于珠三角、苏南与浙江三地数据的实证研究》，《社
会》第 2 期。

翁仁木，2015，《国外弹性退休制度研究》，《经济研究参考》第
16 期。

吴清军、李贞，2018，《分享经济下的劳动控制与工作自主性——
关于网约车司机工作的混合研究》，《社会学研究》第 4 期。

吴一平、芮萌，2013，《制度差异、地区腐败与收入不平等》，《经济社会体制比较》第 2 期。

吴愈晓，2011，《劳动力市场分割、职业流动与城市劳动者经济地位获得的二元路径模式》，《中国社会科学》第 1 期。

伍先福、陈攀，2012，《休闲权保障对社会和谐发展的历史意义——从〈懒惰权〉解读拉法格的休闲思想》，《长春理工大学学报》（社会科学版）第 3 期。

武中哲，2007，《双重二元分割：单位制变革中的城市劳动力市场》，《社会科学》第 4 期。

新华社，2016，《中共中央国务院印发〈"健康中国 2030"规划纲要〉》，http://news. xinhuanet. com/politics/2016 - 10/25/c _ 1119785867_2. htm，最后访问日期：2019 年 5 月 3 日。

许欣欣，2005，《社会、市场、价值观：整体变迁的征兆——从职业评价与择业取向看中国社会结构变迁再研究》，《社会学研究》第 4 期。

亚里士多德，2013，《政治学》，吴寿彭译，商务印书馆。

岳经纶、库纳，斯坦、颜学勇，2014，《工作—生活平衡：理论借鉴与中国现实》，格致出版社。

岳经纶、颜学勇，2013，《工作—生活平衡：欧洲探索与中国观照》，《公共行政评论》第 3 期。

张斌，2013，《休闲权利论》，中国旅游出版社。

张凯，2015，《就业质量的概念内涵及其理论基础》，《社会发展研究》第 1 期。

张丽华、孙彦玲，2011，《对国内外劳动关系评价的评论和思考》，《中国人力资源开发》第 11 期。

张苏串等，2014，《中国文化情境下的工作伦理研究》，经济科学出版社。

张永宏、李静君，2012，《制造同意：基层政府怎样吸纳民众的抗争》，《开放时代》第 7 期。

张展新, 2004,《劳动力市场的产业分割与劳动人口流动》,《中国人口科学》第 2 期。

张展新, 2007,《从城乡分割到区域分割——城市外来人口研究新视角》,《人口研究》第 6 期。

郑永年, 2019,《当代中国个体道德下沉根源》,《联合早报》7月 23。

《中华人民共和国劳动法》, 2015, 中国法制出版社。

周长洪, 2013,《中国家庭结构变化的几个特征及其思考——基于"五普"和"六普"数据的比较》,《南京人口管理干部学院学报》第 4 期。

周俊武, 2011,《激扬家声——曾国藩家庭伦理思想研究》, 湖南师范大学出版社。

庄周, 2015,《庄子》(评注本)《刻意》, 北京联合出版公司。

Allen, Tammy D. 2001. "Family-Supportive Work Environments: The Role of Organizational Perceptions." *Journal of Vocational Behavior* 58 (3): 414 –435.

Arnold, B. Bakker, Shimazu Akihito, E. Demerouti, Shimada Kyoko, and Kawakami Norito. 2013. "Work Engagement Versus Workaholism: A Test of The Spillover-Crossover Model." *Journal of Managerial Psychology* 29 (1): 63 –80.

Barbara, A. W. Eversole, Gloeckner Gene, and H. Banning James. 2007. "Understanding Differential Organizational Responses to Work/Life Issues." *Journal of European Industrial Training* 31 (4): 259 –273.

Barbara, Beham and Drobnič Sonja. 2010. "Satisfaction With Work-Family Balance among German Office Workers." *Journal of Managerial Psychology* 25 (6): 669 –689.

Bloom, Nicholas, James Liang, John Roberts, and Zhichun Jenny Ying. 2015. "Does Working from Home Work? Evidence from a

Chinese Experiment. " *The Quarterly Journal of Economics* 130 (1): 165 – 218.

Burgess, John, Lindy Henderson, and Glenda Strachan. 2007. "Work and Family Balance Through Equal Employment Opportunity Programmes and Agreement Making in Australia. " *Employee Relations* 29 (4).

Burgoon, B. and F. Dekker. 2010. "Flexible Employment, Economic Insecurity and Social Policy Preferences in Europe. " *Journal of European Social Policy* 20 (2).

Burke, Ronald J. , Tamara Weir, Richard E. Duwors, and John A. Campbell. 1979. "Type a Behavior of Administrators and Wives' Reports of Marital Satisfaction and Well-Being Ronald. " *Journal of Applied Psychology* 64: 57 – 65.

Carlson, Dawn S. , Joseph G. Grzywacz, and Suzanne Zivnuska. 2009. "Is Work-Family Balance More Than Conflict and Enrichment?" *Human Relations* 62 (10): 1459 – 1486.

Carlson, Dawn S. , K. Michele Kacmar, and Larry J. Williams. 2000. "Construction and Initial Validation of a Multidimensional Measure of Work-Family Conflict. " *Journal of Vocational Behavior* 56 (2): 249 – 276.

Cegarra-Leiva, David, M. Eugenia Sánchez-Vidal, and Cegarra-Navarro, Juan Gabriel. 2012a. "Understanding the Link between Work Life Balance Practices and Organizational Outcomes in Smes. " *Personnel Review* 41 (3): 359 – 379.

Cegarra-Leiva, David, M. Eugenia Sánchez-Vidal, and Juan Gabriel Cegarra-Navarro. 2012b. "Work Life Balance and The Retention of Ma nagers in Spanish Smes. " *International Journal of Human Resource Management* 23 (1): 91 – 108.

Chandra, V. 2012. "Work-Life Balance: Eastern and Western Perspectives. " *International Journal of Human Resource Management* 23 (5): 1040 – 1056.

Chang, Artemis, Paula McDonald, and Pauline Burton. 2010. "Methodological Choices in Work-Life Balance Research 1987 to 2006: A Critical Review. " *The International Journal of Human Resource Management* 21 (13).

Cieri, Helen De, Barbara Holmes, Jacqui Abbott, and Trisha Pettit. 2005. "Achievements and Challenges for Work/Life Balance Strategies in Australian Organizations. " *The International Journal of Human Resource Management* 16 (1).

Clark, Sue Campbell. 2000. "Work/family Border Theory: A New Theory of Work/Family Balance. " *Human Relations* 53: 747.

Crompton, Rosemary and Clare Lyonette. 2006. "Work-Life 'Balance' in Europe. " *Acta Sociologica* 49 (4): 379 – 393.

Currie, Jan and Joan Eveline. 2011. "E-Technology and Work/Life Balance for Academics with Young Children. " *Higher Education* 62 (4): 533 – 550.

den Dulk, Laura, Pascale Peters, and Erik Poutsma. 2012. "Variations in Adoption of Workplace Work-Family Arrangements in Europe: The Influence of Welfare-State Regime and Organizational Characteristics. " *International Journal of Human Resource Management* 23 (13): 2785 – 2808.

ENWHP. 2002. "Barcelona Declaration on Developing Good Workplace Health Practice in Europe. " https://www. enwhp. org/resources/toolip/doc/2018/10/25/barcelona_declaration. pdf.

Eurofound. 2017. "The European Working Conditions Survey (EWCS). " https://www. eurofound. europa. eu/surveys/european-working-conditions-surveys/sixth-european-working-conditions-survey-2015.

European Foundation for the Improvement of Living and Working.

Conditins 2016. "Third European Working Conditions Survey (2000) . " http://www. eurofound. europa. eu/surveys/2000/third-european-working-conditions-survey-2000.

Frone, Michael R. , Marcia Russell, and M. Lynne Cooper. 1992a. "Antecedents and Outcomes of Work-Family Conflict: Testing a Model of The Work-Family Interface. " *Journal of Applied Psycho logy* 77 (1): 65 -78.

Frone, Michael R. , Marcia Russell, and M. Lynne Cooper. 1992b. "Prevalence of Work-family Conflict: Are Work and Family Boundaries Asymmetrically Permeable?" *Journal of Organizational Behavior* 13 (7): 723 -729.

Gornick, Janet C. and Alexandra Heron. 2006. "The Regulation of Working Time as Work-Family Reconciliation Policy: Comparing Europe, Japan, and The United States. " *Journal of Comparative Policy Analysis: Research and Practice* 8 (2): 149 -166.

Greenhaus, J. H. and Powell G. N. 2006. "When Work and Family Are Allies: A Theory of Work-Family Enrichment. " *Academy of Ma nagement Review* 31: 72 -92.

Grzywacz, Joseph G. and Dawn S. Carlson. 2007. "Conceptualizing Work-Family Balance: Implications for Practice and Research. " *Advances in Developing Human Resources* 9 (4): 455 -471.

Heywood, John S. , W. S. Siebert, and Wei Xiangdong. 2010. "Work-Life Balance: Promises Made and Promises Kept. " *International Journal of Human Resource Management* 21 (11): 1976 -1995.

Huang, Jie, David Levinson, Jiaoe Wang, Jiangping Zhou, and Zi-jia Wang. 2018. "Tracking Job and Housing Dynamics with Smart-card Data. " *Proceedings of the National Academy of Sciences* 115 (50): 12710 -12715.

Hyman, Jeff, Chris Baldry, Dora Scholarios, and Dirk Bunzel. 2003.

"Work-Life Imbalance in Call Centres and Software Development. " *British Journal of Industrial Relations* 41 (2): 215 - 239.

Hynes, M. 2014. "Telework Isn't Working: A Policy Review. " *The Economic and Social Review* 45 (4): 579 - 602.

Jorgensen, Helene. 2019. "Give Me a Break: The Extent of Paid Ho lidays and Vacation. " https://www. researchgate. net/publication/ 265024840_Give_Me_A_Break_The_Extent_of_Paid_Holidays_and_ Vacation.

Kopelman, Richard E. , Jeffrey H. Greenhaus, and Thomas F. Connolly. 1983. "A Model of Work, Family, and Interrole Conflict: A Construct Validation Study. " *Organizational Behavior and Human Performance* 32 (2): 198 - 215.

Lewis, Suzan, Gambles, Richenda, and Rhona Rapoport. 2007. "The Constraints of a 'Work-Life Balance' Approach: An International Perspective. " *The International Journal of Human Resource Management* 18 (3): 360 - 373.

Maxwell, Gillian A. and Marilyn McDougall. 2004. "Work-Life Balance. " *Public Management Review* 6 (3): 377 - 393.

McCarthy, Alma, Jeanette N. Cleveland, Sam Hunter, Colette Darcy, and Geraldine Grady. 2013. "Employee Work-Life Balance Outcomes in Ireland: A Multilevel Investigation of Supervisory Support and Perceived Organizational Support. " *International Journal of Human Resource Management* 24 (6): 1257 - 1276.

McGinnity, Frances and Emma Calvert. 2009. "Work-Life Conflict and Social Inequality in Western Europe. " *Social Indicators Research* 93 (3): 489 - 508.

Mescher, Samula, Yvonne Benschop, and Hans Doorewaard. 2010. "Representations of Work-Life Balance Support. " *Human Relations* 63 (1): 21 - 39.

Misra, Joya, Stephanie Moller, and Michelle Budig. 2007. *Work-Family Policies and Poverty for Partnered and Single Women in Europe and North America* (Vol. 21) .

Morgan, Kimberly J. and Kathrin Zippel. 2003. "Paid to Care: The Origins and Effects of Care Leave Policies in Western Europe. " *Social Politics: International Studies in Gender, State & Society* 10 (1): 49 – 85.

Morganson, Valerie J. , Debra A. Major, Kurt L. Oborn, Jennifer M. Verive, and Michelle P. Heelan. 2010. "Comparing Telework Locations and Traditional Work Arrangements. " *Journal of Ma nagerial Psychology* 25 (6): 578 – 595.

Muffels, R. J. A. and D. J. A. G. Fouarge. 2008. "Contract Flexibility and Employment Security in Europe. " Bijdragen tijdschrift voor filosofie en theologie.

Netemeyer, Richard G. , James S. Boles, and Robert McMurrian. 1996. "Development and Validation of Work-Family Conflict and Family-Work Conflict Scales. " *Journal of Applied Psychology* 81 (4): 400 – 410.

Olivetti, Claudia and Barbara Petrongolo. 2017. The Economic Consequences of Family Policies: Lessons from a Century of Legislation in High-Income Countries 31.

Parker, Stanley Robert. 1971. *The Future of Work and Leisure.* Praeger Publishers.

Pichler, Florian. 2009. "Determinants of Work-Life Balance: Shortcomings in The Contemporary Measurement of WLB in Large-Scale Surveys. " *Social Indicators Research* 92 (3): 449 – 469.

Rupashree, Baral and Bhargava Shivganesh. 2010. "Work-family Enrichment as a Mediator Between Organizational Interventions for Work-life Balance and Job Outcomes. " *Journal of Managerial Psy-*

chology 25 (3): 274 - 300.

Samsinar, Md-Sidin, Sambasivan Murali, and Ismail Izhairi. 2010. "Relationship Between Work-family Conflict and Quality of Life. " *Journal of Managerial Psychology* 25 (1): 58 - 81.

Scandura, Terri A. and Melenie J. Lankau. 1997. "Relationships of Gender, Family Responsibility and Flexible Work Hours to Organizational Commitment and Job Satisfaction. " *Journal of Organizational Behavior* 18 (4): 377 - 391.

Sivatte, I. D. 2013. "Antecedents and Outcomes of Implementing Flexibility Policies in Organizations. " *The International Journal of Human Resource Management* 24 (7).

Staines, G. L. 1980. "Spillover Versus Compensation: A Review of the Literature on the Relationship Between Work and Nonwork. " *Human Relations* 33 (2): 111 - 129.

Sánchez-Vidal, M. Eugenia, David Cegarra-Leiva, and Juan Gabriel Cegarra-Navarro. 2012. "Gaps Between Managers' and Employees' Perceptions of Work-Life Balance. " *International Journal of Human Resource Management* 23 (3): 645 - 661.

UK Government. 2012. "Consultation on Modern Workplaces: Government Response on Flexible Parental Leave. " https://www. gov. uk/government/uploads/system/uploads/attachment _ data/file/82969/12 - 1267 - modern-workplaces-response-flexible-parental-leave. pdf.

Wang, Jing and Anil Verma. 2012. "Explaining Organizational Responsiveness to Work-Life Balance Issues: The Role of Business Strategy and High-Performance Work Systems. " *Human Resource Management* 51 (3): 407 - 432.

Weeden, Kim and David B. Grusky. 2012. "The Three Worlds of Inequality. " *American Journal of Sociology* 117 (6).

Wikipedia. 2016. " Flextime. " https://en. wikipedia. org/wiki/Flextime.

Wikipedia. 2016. "Work-Life Balance." https://en. wikipedia. org/wi-
ki/Work%E2%80%93life_balance-cite_note-kenexa 2007 – 13,
最后访问日期: 2019 年 2 月 1 日。

Wikipedia. 2019. "Industrial Relations." https://en. wikipedia. org/
wiki/Industrial_relations, 最后访问日期: 2019 年 5 月 10 日。

Wong, Chak Keung, and A. Ko. 2009. "Exploratory study of under-
standing hotel employees' & apos; perception on work-life balance
issues." *International Journal of Hospitality Management* 28 (2):
195 – 203.

Wu, Lei, Binahayati Rusyidi, Nancy Claiborne, and Mary L. McCar-
thy. 2013. "Relationships between Work-Life Balance and Job-Re-
lated Factors among Child Welfare Workers." *Children and Youth
Services Review* 35 (9): 1447 – 1454.

图书在版编目（CIP）数据

工作生活平衡：基于工作环境调查数据的实证分析 /
张帆著. -- 北京：社会科学文献出版社，2020.9（2022.4 重印）
（中国工作环境研究丛书）
ISBN 978 - 7 - 5201 - 7170 - 0

Ⅰ.①工…　Ⅱ.①张…　Ⅲ.①劳动社会学 - 研究
Ⅳ.①C976.1

中国版本图书馆 CIP 数据核字（2020）第 158430 号

中国工作环境研究丛书
工作生活平衡
——基于工作环境调查数据的实证分析

著　　者 / 张　帆

出 版 人 / 王利民
责任编辑 / 谢蕊芬
文稿编辑 / 张真真
责任印制 / 王京美

出　　版 / 社会科学文献出版社·群学出版分社（010）59366453
　　　　　　地址：北京市北三环中路甲29号院华龙大厦　邮编：100029
　　　　　　网址：www. ssap. com. cn
发　　行 / 社会科学文献出版社（010）59367028
印　　装 / 北京虎彩文化传播有限公司

规　　格 / 开本：787mm × 1092mm　1/16
　　　　　　印张：15.25　字数：203 千字
版　　次 / 2020 年 9 月第 1 版　2022 年 4 月第 2 次印刷
书　　号 / ISBN 978 - 7 - 5201 - 7170 - 0
定　　价 / 98.00 元

读者服务电话：4008918866